# Die
# Kriegerprinzessin

## Bose Adelaja

*ap&p 2016*

# Widmung

*Dieses Buch ist allen Frauen dieser Welt gewidmet,*

*unabhängig von Hautfarbe, Rasse und Alter.*

*Ihr seid Gottes Kriegerprinzessinnen.*

*Kämpft und gewinnt!*

aus dem englischen „The Warrior Princess" von Bose Adelaja, Kiew, Ukraine 2008

Bibelzitate sind aus der  Elberfelder Bibel, © 1985/1999/2006 R. Brockhaus Verlag, Wuppertal übernommen, wenn nicht anders vermerkt.

Viele weitere Informationen über die »Botschaft Gottes« und Pastor Sunday Adelaja im Internet:: www.sundayadelaja.de

9 783837 009378

*Bibliografische Information der Deutschen Nationalbibliothek:*
*Die Deutsche Nationalbibliothek verzeichnet diese Publikation in der Deutschen Nationalbibliografie; detaillierte bibliografische Daten sind im Internet über http://dnb.dnb.de abrufbar.*

*© 2016 Bose Adelaja/ap&p*

*Illustration: **ap&p S.L. Ballentin***
*Übersetzung: **ap&p Gudrun Wessels***
*weitere Mitwirkende: **ap&p Siegfried Ballentin***
*Lektor: R.F. Ballentin für ap&p*
*Herstellung und Verlag: BoD – Books on Demand, Norderstedt*

*ISBN: 978-3-8370-0937-8*

4

# ap&p

*agentur presse & publikation   Bohrstr. 2 - 23966 Wismar - Germany*
Mail:   apandp@me.com

## Kommentare zum Buch

Nachdem ich dieses Buch von Pastorin Bose gelesen habe, wurde mir bewusst, was für ein tiefes Verständnis von Gott sie erlangt hat. Ich habe erkannt, dass Gottes Weisheit sie begleitet und dass sie ihre Berufung kennt. Pastorin Boses Fähigkeit, Gottes Bestimmung für Frauen zu veranschaulichen und ihre Gedanken, Gefühle und ihre Beziehung zu Gott mit uns zu teilen ist ein großartiges Geschenk, wie die Seiten dieses Buches beweisen.

Ich habe keinen Zweifel daran, dass dieses Buch das Leben vieler Frauen verändern wird, die bis heute in falschen Sichtweisen gefangen sind, die sich über Jahrhunderte gebildet haben, und die noch immer von unguten religiösen Menschen und dem Teufel gefangen gehalten werden. Diese Frauen werden so wie ich den Himmel auf Erden und die Gegenwart Gottes erleben, während sie dieses Buch lesen. Du wirst viele Lektionen lernen und Offenbarung empfangen.

Der Teufel hat lange Zeit versucht, Frauen so gut wie möglich davon abzuhalten, ihre Berufung zu erfüllen. Und tatsächlich werden viele Frauen durch mangelndes Wissen und Gleichgültigkeit unterdrückt, zurückgehalten und getötet, was wie ein Fluch ist. So wie ich werden viele Frauen, nachdem sie dieses Buch gelesen haben, sagen: „Wie gut ist es, dass ich als Frau auf die Welt kam!" Wir hören das Pastorin Bose oft sagen. Ich bin sicher, dass viele Menschen durch dieses Buch den inneren Frieden finden, den sie so dringend brauchen.

Ich fand Frieden für meine Seele und fühle mich selbstbewusster, nachdem ich dieses Buch gelesen habe. Jetzt kann ich sagen, dass es gut und wunderbar ist, dass ich als Frau auf die Welt kam. Jesus hat die Welt überwunden und uns als Erbe den Sieg über den Feind unserer Seelen gegeben. Ehre sei Gott! Ich habe einen Kriegergeist empfangen, um in Gottes Freiheit zu wandeln.

Meine Anerkennung gilt Pastorin Bose für ihren Eifer und ihre Arbeit im Dienst an Menschen. Ich lerne viel von ihr, und ich bin stolz, dass wir einem so guten Beispiel folgen können.

Vielen Dank für dieses Buch, liebe Pastorin Bose. Möge Gott dir immer mehr seine Gnade schenken und deine Zukunftspläne überreich segnen, damit du noch mehr Frauen dienen kannst.

Und mögest du immer Jesu Lächeln auf deinem Gesicht tragen!

Pastorin Lidiya Biletskaya

Sacramento, USA

---

Ich danke Gott und Pastorin Bose dafür, dass sie diese Offenbarungen vom Herrn empfangen und sie an uns weitergegeben hat. Diese Wahrheiten verändern, verwandeln und stärken mich in diesem Leben, das voller Überraschungen ist.

Dank sei Pastorin Bose für dieses Buch. Es erfüllte mich mit einem siegreichen Geist und mit Zuversicht in die Berufung, die Gott den Frauen gibt.

Nachdem ich dieses Buch gelesen habe, verstand ich, dass es keine Entschuldigung im Leben für Niederlage gibt. Alles hängt von uns ab. Wir sollten nicht alle Verantwortung auf unsere Männer legen und sie zwingen, unsere Untätigkeit wieder gut zu machen. So ein Verhalten ist ein Zeichen dafür, dass wir der Berufung, die Gott den Frauen gegeben hat, gleichgültig gegenüber stehen.

Es gibt eine Autorität, die Gott den Frauen gibt. Es gibt für sie eine Kraft, die von Gott kommt. Es gibt einen Kampf, den nur Frauen gewinnen. Ich lernte aus diesem Buch eine großartige

Weisheit und verstand das Gleichgewicht, wie man äußerlich feminin bleiben und innerlich eine Kämpferin sein kann – nicht umgekehrt.

Danke, Pastorin Bose, dass du nicht zurückhältst, was Gott dir gibt. Du bist immer ein Vorbild und eine Quelle der Inspiration für mich.

Pastorin Tatyiana Litvin

Ukraine

---

Eine reizende Frau, eine starke Persönlichkeit, eine weise Mentorin, eine wahre Freundin, die Ehefrau eines großartigen Mannes Gottes und die Mutter dreier Kinder ist Bose Adelaja, die ich seit 11 Jahren kenne.

Eine andere Frau, die so ausgewogene Prioritäten in jedem Lebensbereich hat wie Pastorin Bose, muss ich erst noch kennenlernen. Ich bin erstaunt und ich bewundere ihre Weiblichkeit, ihre Weisheit und die Art, wie sie sich an Prinzipien hält, ihr liebendes Herz, das keine Sünde duldet, ihre Geduld, Loyalität für andere Menschen und ihren Widerstand gegen jegliche Gesetzlosigkeit. Ich bewundere ihre Fähigkeit, Mitgefühl zu zeigen und dabei in dezenter Weise die wahre Ursache eines Leidens zu erkennen.

Es gibt in unserer heutigen Welt nur noch wenige Menschen, von denen man lernen kann, und noch weniger Frauen, die in der Lage sind, Mentoren zu sein. Pastorin Bose ist eine unserer großartigen Zeitgenossen und hat das Potenzial, während ihres Lebens weltweite Anerkennung zu finden.

In diesem Buch „Die Kriegerprinzessin" geht es darum, wie jede Frau, unabhängig von ihren Umständen und Problemen, im

Leben vorangehen und mit Gott an ihrer Seite siegen kann. Während du dieses Buch liest, wirst du so wie ich viele neue Lösungen und ungewöhnliche Herangehensweisen an häufige Probleme entdecken. Du wirst von der reichen Lebenserfahrung dieser jungen Leiterin profitieren können. Schritt für Schritt werden in diesem Buch Geheimnisse enthüllt. Augenscheinlich scheinen sie einfach und bekannt zu sein, aber leider übersehen wir sie aus irgendeinem Grund und vergessen, sie in harten und schwierigen Situationen anzuwenden.

Dies ist ein Handbuch für eine jede von uns, die ein freudiges und siegreiches Leben führen möchte. Du wirst lernen, wie du deine Probleme in großartige Gelegenheiten, Mangel in Vorteil, Sackgassen in Quellen verwandeln und wie du Großes erreichen kannst. Und wenn du ernsthaft daran arbeitest und die Wahrheiten anwendest, die in diesem Buch beschrieben sind, dann wird sich deine Einstellung zu all den Dingen, die deiner Seele Schmerz und Kummer bereitet haben, verändern. Dann wirst du glücklich sein, egal wie dein Leben gerade verläuft und wie du dich gerade fühlst, egal wie es dir geht in Bezug auf Familie, Kinder, Arbeit und allem anderen, was für uns Frauen von großer Bedeutung ist.

Für mich als Frau und Verlegerin ist es ein Privileg, an diesem Buch zu arbeiten, und ich danke Gott für die Gelegenheit, Pastorin Bose nahe zu sein und von dieser großartigen Kriegerprinzessin, die noch viele Siege vor sich hat, lernen zu dürfen.

Ein siegreiches Leben wartet auf jede einzelne von uns, die dem Beispiel einer echten Kriegerprinzessin folgen wird – Bose Adelaja.

Alena Dobrovolskaya

Fares Publishing House

Ich habe diese schöne Frau, Pastorin Bose, immer für ihre innere Schönheit, ihre Weisheit und ihre Vortrefflichkeit bewundert. Sie wusste immer, wie man es in brillanter Weise miteinander in Einklang bringt, liebenswürdig und sanft und dennoch eine starke Frau zu sein. Danke für dieses Buch, in dem man die sanfte Stimme des Heiligen Geistes, der den wahren Wert der Frau offenbart, vernehmen kann.

Oft wird das Schicksal der Frauen in der Gesellschaft an Pfannen, Töpfen, Lätzchen und Hausarbeit festgemacht. Und viele Frauen sehen sich selbst so. Sie fürchten sich zu träumen, sie sind von Angst gefangen und durch ein niedriges Selbstwertgefühl und Depressionen eingeschränkt.

Jede Frau, die dieses Buch gelesen hat, wird verstehen, welch gewaltige Kraft und welches Potenzial in ihr verborgen liegt, und dass ihr ganzes Leben allein vom Herrn abhängt und nicht von Menschen, ihrer Stellung in der Gesellschaft oder ihrem Familienstand.

Dank dieses Buches offenbart Gott in neuer Weise die Bestimmung einer jeden Frau und lehrt sie, Glauben zu entwickeln, um alle Situationen und Herausforderungen im Leben zu überwinden. Es zeigt, wie man zu einer „Kriegerprinzessin" wird – einer Frau, die so viel wie möglich erreicht, und zu einer Frau, die das Beste bekommt, das Gott für ihr Leben bereit hat.

Möge dieses Buch das Schicksal vieler Frauen verändern und Deborahs unserer Zeit aufstehen lassen, große und starke Frauen, die Gottes Willen auf der Erde ausführen werden.

Liebe Frauen, lest dieses Buch und nehmt euch das Beste daraus mit, das uns vom Herrn gegeben wird.

Pastorin Tatyana Maksimenko

Kiew, Ukraine

*Anerkennung*

Ich danke Gott für die Möglichkeit und für die Ehre, die er mir hat zukommen lassen, um dieses Buch schreiben zu dürfen. Ich bin ihm dankbar für die Offenbarungen, die er mir geschenkt hat, noch während ich an diesem Buch arbeitete.

Ich bin auch dankbar für die Menschen, die Gott in das Team gestellt hat, das an diesem Buch arbeitete.

Ich danke den jungen Frauen von der Sozialabteilung und der Computerabteilung der Zentrale der Embassy of God-Kirche. Dank an Tatyana Galushko, Alla Shumik, Anna Mironova und Svetlana Malutina.

Ich danke Pastorin Dala Aphonso, Tinuke Akinbulumo, Malin Sikstrom, Viktoria Djogtyar, Ksenija Kempa, Marina Melnik und Katerina Popova, die viel Zeit damit verbrachten, das Manuskript dieses Buches entweder zu übersetzen oder zu lektorieren.

Ich danke meiner psychologischen Beraterin, Alexandra Shishkova, die mich unterstützte während ich dieses Buch schrieb.

Ich danke den Leuten beim Fares Verlag für ihr Verständnis, ihre Zusammenarbeit und ihre Arbeit an diesem Buch.

Ich danke meinem Mann für die Geduld und das Verständnis, das er mir entgegenbrachte, während ich an diesem Buch arbeitete.

Ich danke allen Mitgliedern der Embassy of God-Kirche. Ihr seid für mich die Besten. Ihr schafft immer günstige Bedingungen für Dienst und Wachstum. Ich liebe euch!

## Über die Autorin

Abosede Adelaja ist eine der Pastorinnen der Embassy of God-Kirche in Kiew. Frauen zu dienen ist eine ihrer Berufungen. Ihre Bücher „Das Glück einer Frau", „Wie schön, eine Frau zu sein" und „Die Kriegerprinzessin" bestätigen dies.

Abosede gründete den Frauendienst „Die Braut" in der Hauptgemeinde der Embassy of God-Kirche. Sie ist auch Mitglied des Teams, das die jährliche Frauenkonferenz „Die Frau in uns" organisiert. Pastorin Bose ist ein gern gesehener Gast und Sprecherin bei Frauenkonferenzen.

Sie ist verheiratet und hat drei Kinder. Bose ist ihrem Mann, Pastor Adelaja, eine liebende Ehefrau. Sie unterstützt ihn seit 13 Jahren dabei, seine Lebensziele zu erreichen.

Sie ist eine fürsorgende Mutter, nicht nur für ihre eigenen Kinder, sondern auch für andere Kinder.

## Vorwort

Der Titel dieses Buches mag am Anfang widersprüchlich erscheinen. Vielleicht bist du überrascht und fragst dich, was eine Prinzessin mit dem Krieg zu tun hat. Wenn du so denkst, verstehe ich dich. Ich verurteile dich ganz und gar nicht.

Ich habe kein Recht dazu, denn ich dachte selbst, dass eine Prinzessin gar nichts mit Krieg zu tun haben kann. Aber jetzt sehe ich das ganz anders und hoffe, dass wir nach dem Lesen dieses Buches den Zusammenhang zwischen einer Kriegerin und einer Prinzessin sehen können. Ich bete dafür, dass du erkennst, was ich erkannt habe.

Ich möchte deine Aufmerksamkeit auf einen bestimmten Vers im Buch Mose lenken, 1. Mose 3:15:

*Und ich werde Feindschaft setzen zwischen dir und der Frau, zwischen deinem Samen und ihrem Samen; er wird dir den Kopf zermalmen, und du, du wirst ihm die Ferse zermalmen.*

Als ich über diesen Vers nachdachte, empfing ich eine Offenbarung, aus der der Titel dieses Buches „Die Kriegerprinzessin" geboren wurde. Diese Offenbarung ist für mich sehr kostbar, und ich stehe ehrfürchtig vor Gott, der jede Frau zu einer Kriegerprinzessin gemacht hat. Und ich bete, dass es dir genauso gehen wird.

Gott, der Feindschaft zwischen die Schlange und die Frau setzte, beruft und verpflichtet jede Frau, sich in den Krieg zu begeben. Krieg, Konfrontation, Uneinigkeit, für seinen Glauben einstehen, all dies ist unvermeidbar, wenn wir auf unserem Weg einem Feind begegnen, der sich gegen uns stellt. Gott, der Schöpfer, hatte nicht die Absicht, dass Frauen schwach sein oder schwach aussehen sollen. Menschen, die Frauen für schwach halten, wissen nicht, was Gott in ihrem Inneren verborgen hat. Sie verstehen nicht, wie Gott über Frauen denkt. Oft haben diese Menschen Probleme und Meinungsverschiedenheiten mit ihnen, so dass sie die guten Früchte ihres Lebens nicht genießen und nicht mit ihr in Frieden leben können.

Im Buch der Sprüche 18:22 steht geschrieben:

*Wer eine Frau gefunden, hat Gutes gefunden und hat Wohlgefallen erlangt von dem HERRN.*

Gott legte Gutes in die Frau, und wer richtig mit ihr umgehen und kommunizieren kann, wird das Gute finden, das Gott in sie gelegt hat.

Auf einer jeden Frau liegt ein Segen. Dieser Segen liegt tief in ihr verborgen. Es ist die Frau in ihrem Inneren. Die Frau im Inneren ist nach außen hin nicht immer sichtbar. Gott hat den wahren Wert der Frau in ihr Inneres gelegt, damit sie sich selbst nicht so schnell verliert oder verkauft, und auch, damit ihr andere diesen Wert nicht leicht rauben können. Dieser Segen liegt immer in ihrem Inneren. Und jede Frau sollte diesen zunächst einmal in sich entdecken und in dieser Wahrheit gegründet sein. Eine Frau ist in der Lage, anderen durch die Güte, die sie in sich trägt, zu helfen. Sie kann den Menschen, die sie umgeben, Freude, Frieden, Liebe, Verständnis und noch viel mehr geben.

Vielleicht hast du derzeit eine negative Wahrnehmung und viele ernste Fragen in Bezug auf Frauen. Vielleicht denkst du an den Schmerz zurück und die Unsicherheit, die du persönlich oder in der Gesellschaft durch das erlitten hast, was Frauen dir im Leben angetan haben.

Frauen, die sich so verhalten, wissen einfach nicht, wie Gott über sie denkt, sie stehen unter dem Einfluss der öffentlichen Meinung ihrer Gesellschaft und tanzen nach deren Pfeife. Aber eine wirklich tugendhafte Frau trägt jeden Tag ihres Lebens Güte in sich. Und die Tatsache, dass sie den Krieg wagt, ist auch ein Teil der Güte, die sie ihrer Generation entgegenbringt.

Ich möchte erwähnen, dass die meisten Frauen, die von Zeit zu Zeit als schlechte Beispiele dargestellt werden und denen man vorwirft, das weibliche Geschlecht zu entwerten, den Willen Gottes für ihr Leben nicht kennen. In ihrem Bestreben, von anderen akzeptiert zu werden und in dieser großen Welt ihren Platz zu finden, verkaufen sie sich oft unter ihrem Wert und den anderer Frauen, und das alles, weil sie nicht wagen, gegen Satan zu kämpfen oder einfach so viel Angst vor ihm haben, dass sie sich weigern, ihm zu widerstehen.

Jede Frau geht in dem einen oder andern Lebensbereich durch Prüfungen. Jede Frau hat ihren Kampf zu kämpfen. Oft erleben wir, dass ein Problem verschwindet und das nächste dafür auftaucht. Der Feind unserer Seelen, der besonders die Frauen nicht liebt, weil er ihr Potenzial kennt, versucht ständig, sie auszubremsen. Aber leider kapitulieren viele Frauen vor ihm und werden von irdischen Eitelkeiten aufgesogen. Sie werden verwirrt und enttäuscht trotz der Tatsache, dass die Bibel deutlich sagt:

*Unterwerft euch nun Gott! Widersteht aber dem Teufel! Und er wird von euch fliehen.*

Jakobus 4:27

Dem Teufel nicht widerstehen zu wollen ist gleichbedeutend mit Ungehorsam gegen Gott. Unter einem Fluch zu sein bedeutet, gleichgültig zu sein und nicht zu wissen, was man tun soll. Aber Dank des Wissens, das wir von Gott bekommen haben, wissen wir jetzt, was wir tun sollen. Der Vater leitet uns im Leben und zeigt uns den Weg, den wir gehen sollen. Er sagt uns, was wir tun und wann wir handeln sollen.

Das Leben stellt uns täglich vor bestimmte Aufgaben, und wir nennen diese Aufgaben Probleme. Die Menschen fallen in drei Kategorien, was ihre Reaktionen auf diese Probleme angeht.

### *Die erste Kategorie nennt sich „Rationalisten".*

Diese Menschen akzeptieren die Tatsache, dass es ein Problem gibt, finden aber gleichzeitig eine Reihe von Entschuldigungen, die sie daran hindern, dieses Problem zu lösen. So leidet eine Ehefrau z. B. seit langer Zeit unter den Beleidigungen ihres Mannes, weil sie „rational" denkt, dass sie ohne diesen nicht überleben wird. Ein junges Mädchen geht heimlich der Prostitution nach, weil sie glaubt, dass sie sonst nicht in der Lage sei, ihre Studiengebühr zu bezahlen und sich nicht schön und modern kleiden kann. Diese Menschen hoffen, Hilfe von außen zu bekommen, von irgendjemandem oder von irgendwo her. Rationalisten haben Selbstmitleid. Deshalb leben sie unter ihren Möglichkeiten. Sie befreien sich von der Verantwortung, ihre Probleme lösen zu müssen. Gleichzeitig fühlen sie sich sehr unglücklich und hoffen, dass ein Wunder in ihrem Leben geschehen wird. Eine solche Einstellung führt dazu, dass sich ihre Probleme nicht lösen, und so geben sie ihrem Schicksal die Schuld für ihre Umstände.

### *Die zweite Kategorie sind die Blinden.*

Sie erkennen die Tatsache nicht, dass es überhaupt ein Problem gibt. Sie glauben, dass bei ihnen alles in Ordnung und dass ihr Leben nicht übel sei. Obwohl ihre Probleme für jeden in ihrem Umfeld sichtbar sind, werden die Blinden davon überrascht. Das Problem vergrößert sich und nach einer gewissen Zeit überschwemmt es sie wie eine Flut. Sie sind fassungslos und wundern sich noch immer, wie ihnen so etwas passieren konnte.

### *Die dritte Kategorie sind die Strategen.*

Sie erkennen die Tatsache, dass es ein Problem gibt. Dann setzen sie sich an den Tisch, nehmen ihren Stift und schreiben eine genaue Taktik und Strategie auf, um einen Ausweg aus dieser speziellen Situation zu finden. Sie suchen nach der Lösung für das

Problem und denken über dessen Ursachen nach. Weil sie Schritt für Schritt so vorgehen, lösen sie ein Problem nicht nur, sondern erlangen auch die Fähigkeit, in zukünftigen ähnlichen Situationen Lösungen zu finden. Sie finden auch Möglichkeiten, wie sie in Zukunft verhindern können, dass solche Probleme wieder entstehen können oder minimieren zumindest deren Wahrscheinlichkeit. Das Leben der Strategen wird leicht, und sie fühlen sich wie Gewinner.

Der Zweck dieses Buches ist es, einer jeden Frau dabei zu helfen, zu einer Strategin zu werden und ihr Leben zu verbessern, indem sie es auf das feste Fundament der Gerechtigkeit, der Liebe und des gesunden Menschenverstandes aufbaut.

Der Satz: „Ich werde Feindschaft zwischen dir und die Frau setzen", lässt uns auch verstehen, dass wir mit dem Teufel nichts gemeinsam haben. Er ist unser Feind. Wir weigern uns, von ihm besiegt zu werden, sondern wir müssen vielmehr ihn besiegen. Wir dürfen nicht freundlich mit dem Teufel umgehen, wir dürfen ihn nicht tolerieren. Wir kennen unseren Feind, wir wagen den Krieg gegen ihn, wir geben der Schlange, die uns verführen und über uns herrschen will, keine Chance.

Gott verbirgt nicht die Tatsache vor uns, dass Satan böse Maßnahmen gegen uns planen kann, um uns niederzuschlagen, aber Gott macht uns auch klar, dass wir die Fähigkeit haben, seinen Kopf zu zertreten.

*Dies habe ich zu euch geredet, damit ihr in mir Frieden habt. In der Welt habt ihr Bedrängnis; aber seid guten Mutes, ich habe die Welt überwunden.*

Jesus sprach diese Worte in Johannes 16:33. Jesus hat die Welt überwunden, und es ist unser Erbe, den Sieg zu behalten. Unser Teil des Abkommens ist es, uns wie Sieger zu verhalten.

Dank sei Gott, dass wir nun, da wir in Christus sind, nicht länger unter dem Fluch stehen. Wir haben keine Angst vor ihm, wir kennen unsere Rechte, wir kennen Gottes Willen für unser Leben, dass er uns zu mehr als Überwindern machen will. Wir wissen, was wir tun sollen, damit wir nicht der Täuschung erliegen, zu Rationalisten oder Blinden zu werden.

Wenn wir einen Kriegergeist haben, können wir in Freiheit wandeln!

# Kapitel 1

# Die Eiserne Lady

Frauen werden gewöhnlich als die zarte und schöne Schöpfung Gottes angesehen. So zu denken ist durchaus richtig und wertvoll für einen jeden von uns. Jede Frau sollte von den Menschen in ihrem Umfeld Komplimente dieser Art bekommen. Die Frau ist ein zerbrechliches Geschöpf, einfach deshalb, weil sie körperlich so geschaffen ist. Eine Frau sieht die Welt detailliert. Sie reagiert auf jedes Ereignis emotionaler, weil die rechte Hälfte ihres Gehirns zu 30 % aktiver ist als die des Mannes. Ihre Art zu denken gibt jeder Situation einen emotionalen Anstrich.

Das Gehirn einer Frau verarbeitet täglich 30 % mehr an Informationen als das Gehirn des Mannes, weshalb sie zwei Stunden mehr Schlaf braucht als ein Mann. Weil sie so zerbrechlich ist, ärgert sie sich schnell und ist schnell bekümmert.

Die Verletzlichkeit der weiblichen Psyche hängt auch mit den hormonellen Veränderungen in ihrem Körper zusammen. Die Hormone in unserem Körper verändern sich dreimal im Monat, von der hormonellen Umgestaltung unseres Organismus während der Schwangerschaft und nach den Geburtswehen ganz zu schweigen. Während dieser Zeiten beginnt eine Frau schnell zu weinen und wünscht sich eine fürsorglichere, rücksichtsvollere und freundlichere Beziehung und besondere Aufmerksamkeit.

Die Frau hat jedoch trotz ihrer Zartheit, Liebe, Fürsorge und anderer Qualitäten auch einen Kriegercharakter, ohne den sie nicht in der Lage wäre, ihre Bestimmung und ihren Ruf zu verteidigen. Die Frau hat einen Feind, der dazu entschlossen ist, sie zu zertreten, ihre Träume, ihre kreative Energie und ihre geistliche Reinheit zu zerstören. Es gibt überall feindselige Geister der Finsternis, die unseren Handlungen und Entscheidungen entgegenstehen. Deshalb muss man wissen, welche Eigenschaften man in jeder speziellen Situation anwenden sollte. Wir müssen wissen, wann wir den richtigen Knopf zur richtigen Zeit drücken müssen. Es ist entscheidend zu wissen, wie man kämpft.

Bei einer offiziellen Veranstaltung fragte meine Kollegin mich einmal: „Wirst du heute eine Rede halten?" „Ja", antwortete ich.

„Ich bin auch eingeladen worden, und obwohl ich viel zu tun hatte, habe ich es geschafft, hierher zu kommen", fügte sie hinzu. Ich habe ruhig auf ihr Reden reagiert und dabei abgewartet, wie die Dinge sich entwickeln.

„Ich werde die Organisatoren der Veranstaltung fragen", fuhr meine Kollegin fort... Sie tat mir leid. Ich fragte mich, warum sie sich so viele Gedanken über diese Veranstaltung machte, weil sie ja nicht die Gastgeberin war, sondern eingeladen war so wie ich auch. Um ihr zu helfen, versprach ich ihr, dass ich ihr am Ende der Rede Zeit geben würde, um einige Worte zu sagen.

In Wirklichkeit war folgendes geschehen: Meine Kollegin wollte bei dieser Veranstaltung sprechen, aber die Veranstalter hatten nicht sie, sondern mich dazu eingeladen. Mir war auch klar, dass Gott dort durch mich sprechen wollte. Deshalb behielt ich die Ruhe, anstatt nachzugeben oder mich von ihrem Wunsch, zuerst dranzukommen, einschüchtern zu lassen. Ich dachte mir, dass die Veranstalter es mich wissen ließen, wenn meine Rede nicht mehr notwendig sei.

Diese kleine Illustration zeigt, wie sich der Kriegergeist in einer Frau manifestieren kann. Dieser Kriegergeist hat mir dabei geholfen, mein Selbstwertgefühl, meine Selbstsicherheit und meinen Standpunkt zu behalten und mich gleichzeitig nicht zu ärgern, nicht unhöflich zu werden und auf diese unerwartete und höchstwahrscheinlich auch unfaire Situation nicht über zu reagieren.

Ehrlich gesagt war ich früher sehr schüchtern, und in einer ähnlichen Situation hätte ich meinen Platz dieser anderen Dame überlassen. Vor dieser Veranstaltung war ich tausend Tode gestorben. Es war nicht leicht für mich, vor diesen Menschen eine Rede zu halten. In meiner eigenen gewohnten Gemeinde ist das viel einfacher für mich! Aber ich verstehe, dass ich nicht länger mir gehöre. Es gibt jemanden, der mir Leben geschenkt hat. Es gibt einen Schöpfer und einen Eigentümer meines Lebens, der einen Plan für mein Leben hat und es lenkt. Als ich diese Rede hielt, verstand ich, dass es nicht gut ist, den Dienst an Menschen aufgrund meiner Unsicherheit, meiner Sorgen und meiner Furcht zu verweigern, wenn ich die Gelegenheit habe, zu dienen. Ich habe meine Bedenken überwunden, die Verantwortung auf mich genommen und bin vorangegangen....

Im Markus-Evangelium 4:35-41 lesen wir:

*Und an jenem Tag sagt er zu ihnen, als es Abend geworden war: Lasst uns zum jenseitigen Ufer übersetzen! Und sie entließen die Volksmenge und nehmen ihn im Boot mit, wie er war. Und andere Boote waren bei ihm.*

*Und es erhebt sich ein heftiger Sturmwind, und die Wellen schlugen in das Boot, so dass das Boot sich schon füllte. Und er war hinten im Boot und schlief auf dem Kopfkissen; und sie wecken ihn auf und sprechen zu ihm: Lehrer, kümmert es dich nicht, dass wir umkommen?*

*Und er wachte auf, bedrohte den Wind und sprach zu dem See: Schweig, verstumme! Und der Wind legte sich, und es entstand eine große Stille. Und er sprach zu ihnen: Warum seid ihr furchtsam? Habt ihr noch keinen Glauben?*

*Und sie fürchteten sich mit großer Furcht und sprachen zueinander: Wer ist denn dieser, dass auch der Wind und der See ihm gehorchen?*

In diesem Bericht sehen wir, dass es Jesus selbst war, der den Jüngern vorschlug, auf die andere Seite des Flusses zu gehen. Er regte an, den Standpunkt und die Umstände zu verändern. Er regte an, voranzugehen. Genauso wie er damals mit seinen Jüngern verfuhr, so verfährt er heute mit uns. Er sagt uns, was wir tun sollen, und wir müssen gehorchen. Jesu Jünger wussten auch, dass es weise ist, Gott zu gehorchen. Sie gehorchten und folgten ihm nach. Sie fürchteten sich nicht vor Problemen, besonders wenn Jesus bei ihnen war. Das Leben verlangt von uns, dass wir immer in Bewegung bleiben, wir müssen alles, was Gott uns gibt, in einen vernünftigen Rahmen bringen.

Auf dem Weg ans andere Ufer kam ein Sturm auf. Die Jünger waren erschrocken. Sie hatten nie erwartet, dass so etwas geschehen könnte, während Jesus bei ihnen war. Und was sie noch mehr überraschte war, dass Jesus während des Sturmes schlief.

Die Jünger weckten Jesus auf und warfen ihm vor, dass er während des Sturmes eingeschlafen war. Sie verstanden nicht, wie Jesus in so einem Moment schlafen konnte. Sie verstanden nicht, warum er die Rufe der Jünger nicht gehört hatte. Sie dachten, Jesus sei unsensibel ihren Nöten gegenüber. Sie glaubten, dass er sie vielleicht auch nicht liebte.

Sehr oft verhalten wir uns ähnlich wie sich die Jünger in dieser besagten Situation verhielten. Wir denken oft, dass wir keine Probleme haben werden, wenn Gott mit uns ist, wenn wir gläubig sind und in die Gemeinde gehen. Einerseits ist das auch wahr, denn wenn wir den Namen Jesus erwähnen, wird sich jedes Knie beugen. Es gibt keine Situation, mit der Jesus nicht fertigwerden kann.

Die richtige Haltung sollte für uns jedoch diese sein:

Trotz der Tatsache, dass Probleme in unserem Leben unvermeidbar sind, werden wir immer als Sieger und nicht als Opfer daraus hervorgehen. Wir sollten immer gegen unsere Probleme ankämpfen, um nicht zu Opfern zu werden. Wir sollten uns nicht vor ihnen fürchten. Wir müssen einen starken Willen haben und darauf ausgerichtet sein, im Namen Gottes zu gewinnen.

Wenn wir die Autorität im Namen Jesu in Anspruch nehmen, können wir den Sieg über jede Methode des Teufels haben. Wir werden nur dann unsere Kämpfe problemlos gewinnen, wenn wir bereit sind, für den Sieg zu kämpfen. Unsere Pflicht ist es zu kämpfen, und Gottes Pflicht ist es, uns den großen Sieg zu schenken.

Die Jünger kritisierten Jesus dafür, dass er schlief und sich nicht um den furchterregenden Sturm kümmerte. Wenn eine Frau mit Versuchungen konfrontiert ist, kommen ihr verschiedene negative Gedanken, wie z.B., dass niemand sie liebt. Es scheint ihr so als schliefe Jesus und würde in ihrem Leben nichts hören und nichts sehen. Aber das stimmt nicht!

Als die Jünger Jesus aufweckten, verschwendete er seine Zeit nicht damit, auf ihre Angriffe und missmutigen Fragen zu antworten, sondern er befasste sich einfach nur damit, das Problem zu lösen. Er wusste, was zu tun war. Zunächst einmal gebot er dem Wind und später befahl der dem Sturm, aufzuhören.

Danach wandte er sich an seine Jünger und zeigte ihnen ihre Furcht und ihren Mangel an Glauben. Daraus können wir folgendes lernen:

• Jesus hat uns nie ein leichtes Leben versprochen. Er versprach uns jedoch den Sieg über jedes Problem. Das Leben ist ein Kampf, und nur die Menschen, die kämpfen, werden gewinnen.

• Jesus hatte das Recht zu schlafen, weil er die Jünger bereits gelehrt hatte, die Kraft Gottes in seinem Namen zu gebrauchen. Wenn es uns so scheint als würde Jesus schlafen, müssen wir einfach nur auf seinen Namen vertrauen. Dann werden wir seinen großartigen Sieg sehen. Jesus schlief während dieser Situation, weil sein Körper Ruhe brauchte. Jetzt aber ist er im

Himmel, und er schläft und schlummert nicht. Die Jünger hätten eigentlich dem Sturm im Namen Gottes gebieten sollen, aber statt dies zu tun hatten sie Angst um ihr Leben.

- Als Jesus aufwachte, ließ er es nicht zu, dass die Situation (der Sturm) ihn überwältigte, sondern er ergriff einfach Autorität über die Situation, er brachte sie unter seine Kontrolle. Er verhielt sich nicht wie die Jünger. Er hatte keine Angst, und er beschuldigte niemanden. Oft beschuldigen wir aus der Angst heraus andere Menschen, weil uns der Glaube fehlt, Autorität im Namen Gottes über Situationen und Umstände auszusprechen. Wir sollten es auch nicht zulassen, dass uns alltägliche Situationen und Umstände gefangen nehmen. Wir sollten uns nicht so sehr auf sie konzentrieren, dass wir den großen Gott vergessen, der in uns lebt. Wir haben die Autorität, mit jeder Situation fertig zu werden, durch die wir gehen müssen, und es spielt dabei keine Rolle, um was für ein Problem es sich handelt und was dessen Ursache ist.

- Als Jesus aufwachte, suchte er nicht nach einer physischen Möglichkeit, um mit dem Sturm fertig zu werden. Er verstand, dass diese Situation eine geistliche Lösung erforderte, und deshalb gebot er dem Sturm einfach. Als Christen sollten wir wachsam sein, um unterscheiden zu können, welche Probleme eine geistliche Lösung und welche physisches Eingreifen erfordern.

Die Kriegerprinzessin sollte einen Glauben entwickeln, mit dem sie alle Herausforderungen ihres Lebens durch ihren Glauben an Gott und durch richtiges Handeln gewinnen kann. Sie muss zu negativen Situationen und Umständen, durch die sie geht, „Nein" sagen können. Sie muss ihnen gebieten und darauf ausgerichtet sein, zu gewinnen und niemals zum Opfer zu werden. Das wird es ihr ermöglichen, den Sieg zu genießen, zu dem wir alle in Christus berechtigt sind.

### Zum Nachdenken:

Wer bist du? Bist du eine starke oder eine schwache Frau? Bist du in der Lage, deine Position richtig und würdig zu behaupten? Begründe deine Antwort.

### Ich habe Angst, ich kann wahrscheinlich nicht….

Heute gibt es viele Menschen, besonders Frauen, die unter ihrer Würde und unter ihren Möglichkeiten leben. Sie haben nur Selbstvertrauen in einigen spezifischen, begrenzten und geregelten Lebensbereichen. Sie denken und sagen gewöhnlich in etwa: „Ich habe Angst, ich kann wahrscheinlich nicht…" wenn es um andere Lebensbereiche geht.

Es wurde beobachtet, dass Frauen mehr frieren als Männer. Und das hat oft zur Ursache, dass viele Frauen voller Angst sind. Generell gibt es keinen Grund, Angst haben zu müssen, aber die Furcht hat sich ins Gedächtnis eingebrannt, und das verursacht dann solche körperlichen Reaktionen.

In der Vergangenheit waren die Frauen als körperlich schwächere Geschöpfe von den Männern abhängig. Einer Frau konnte, ebenso wie ihre Kinder, nur durch ihren Ehemann überleben. Frauen konnten nicht verhüten und waren den Großteil ihres Lebens daran gebunden, ihre vielen Kinder aufzuziehen.

Heute bestehen diese Gefahren für Frauen nicht mehr, zumindest sind diese Gefahren nur noch äußerst gering. Die Frau kann finanziell unabhängig werden, sie wird von keiner physischen Gewalt mehr bedroht. Sie muss einfach nur die Gewohnheit, Angst zu haben und sich schwach zu fühlen, überwinden. Angst hilft niemals im Kampf, sie zeigt dagegen an, dass der Glaube schwach ist.

Wir sollten keine Angst vor Herausforderungen haben, denn es wird sie immer geben. Probleme gab es immer schon, es gibt sie heute und es wird sie immer geben. So hat es auch uns gegeben, es gibt uns heute und es wird uns geben. Wir müssen nur lernen, Probleme zu überwinden und weiterzumachen.

Wir sollten uns nicht vor dem Unbekannten fürchten, weil uns das Unbekannte nach einer Weile bekannt und vertraut sein wird. Oft hat jemand, der zum ersten Mal im Flugzeug fliegt, eine gewisse Angst vor dem Unbekannten. Aber wenn sich ein Mensch dieser Angst stellt und einfach fliegt, dann wird er bei seinem nächsten Flug viel leichter mit diesem Gefühl umgehen können. Er wird bei jedem weiteren Flug sicherer, und irgendwann wird das Reisen im Flugzeug für ihn nicht viel anders sein als das Reisen im Auto. Dasselbe gilt für unsere Herausforderungen, ob sie nun bekannt oder unbekannt sind.

Wenn wir trotz der Unbehaglichkeit und Ungewissheit, die wir spüren, weitermachen und die richtigen Entscheidungen treffen, werden wir nach einer Weile sicherer werden und uns wohl fühlen. Herausforderungen werden nicht länger Herausforderungen für uns sein, und wir werden wichtige und nützliche Lektionen daraus lernen. Später werden wir sie dann zu unserem Vorteil nutzen, so dass unser Leben dadurch bereichert werden wird.

Im Johannes-Evangelium 14:1 steht geschrieben:

*Euer Herz werde nicht bestürzt. Ihr glaubt an Gott, glaubt auch an mich!*

In dieser Welt, die in der Finsternis liegt, sind Probleme unvermeidbar.

Die Worte „Ihr glaubt an Gott, glaubt auch an mich" bedeuten, dass wir unsere Aufmerksamkeit nicht auf unsere Probleme richten sollen. Anstatt uns über etwas Sorgen zu machen, müssen wir im Gebet zu Gott kommen. Wir müssen ihn finden und auf ihn schauen, auch in Problemen. Wir müssen verstehen, dass Gott durch unsere Probleme das tun kann, was er durch uns tun will. Wir sollen nicht nur auf das Problem schauen, sondern auch auf das hören, was Gott dazu sagt.

Das ist das einzige, was in kritischen Situationen notwendig ist. Ständige Furcht führt nur zu geistigen und anderen nervlich bedingten Krankheiten. Wenn du deine Zeit nicht damit verbringst, mit Gott zu kommunizieren und in ihm zu bleiben, dann wird dein Herz gewiss von Furcht erfüllt werden.

Jesus sagte:

*Kommt her zu mir, alle ihr Mühseligen und Beladenen! ... denn mein Joch ist sanft, und meine Last ist leicht.*

Matthäus 11:28-30

Diese Worte könnte man folgendermaßen erklären: Aktive Gemeinschaft mit Gott bringt unseren Herzen Frieden und Leichtigkeit. Sie befähigt uns, keine Angst zu haben in einer oder mehreren Situationen. Im Buch der Sprüche steht geschrieben, das wir mehr als alles unser Herz behüten sollen, denn in ihm entspringt die Quelle des Lebens. (sh. Sprüche 4:32) Wenn unsere Herzen rein sind, werden auch unsere Taten rein sein. Reinheit des Herzens kann nur erworben werden, wenn man Glauben an Jesus Christus hat. Dann wird man auch seinen Lehren folgen. Vieles im Leben des Menschen hängt vom Zustand seines Herzens ab.

Es ist wichtig, daran zu denken, dass das Leben nicht uns gehört, es ist in Gottes Hand, und Gott gibt den Demütigen Gnade. Aber diejenigen, die ungehorsam und rebellisch sind, die den Rat reifer Christen ablehnen, handeln unweise und berauben sich selbst der Gnade Gottes. Gott spricht oft durch andere Menschen zu uns, und deshalb sollten wir das, was wir von unseren geistlichen Mentoren hören, nicht verachten.

Die o.g. Tatsache trifft auf verschiedene Lebensbereiche zu, z.B. auf die Ehe (wo der Mann das Haupt der Frau ist), auf die Beziehung zwischen Eltern und Kindern oder zwischen Bürgern und Regierenden eines Landes. Wir brauchen Glauben, um die Segnungen zu empfangen, zu denen wir durch Jesus Christus bereits berechtigt sind.

Durch den Glauben kann ein gewöhnlicher Mensch ein Mann oder eine Frau Gottes werden. Auch erlangen wir durch Glauben von Gott die Kraft und die Fähigkeit, Wunder zu wirken. Das tut den Menschen gut und verherrlicht Gott.

Wir müssen dafür die Wege Gottes verstehen, und Gott sollte das Zentrum und der höchste Zweck von allem sein, was wir tun. Wir brauchen im Leben viele Dinge, aber am allermeisten brauchen wir Gott und seine Gegenwart. Wir sollten das Glück nicht mit materiellem Wohlstand gleichstellen. Glück kann nur durch Gottes Hilfe erlangt werden, und der Weg zu Gott ist sein Sohn Jesus. Wir können nur mit Gottes Hilfe Glück finden, durch den Weg, den Gott uns bereitet hat, welcher Jesus ist. Lerne zu glauben und Gott zu vertrauen, dann wird dein Leben nicht mehr von Menschen und Umständen abhängen. Nur durch Glauben und Hingabe an Gott kann unser Leben als Christen gelingen.

### Zum Nachdenken:

Wie überwindest du Furcht und Sorge in deinem Leben? Begründe deine Antwort.

### Das Problem der Furchtsamkeit

Viele Frauen sind schüchtern. Schüchternheit ist die Folge unserer Erziehung. Viele Frauen erinnern sich an das, was ihnen von Eltern und Lehrern gesagt wurde. Worte wie: „Ein Mädchen muss bescheiden sein, es ist für ein Mädchen nicht gut, wenn es sich hervortut, das Wichtigste für eine Frau ist es, zu heiraten, der Mann ist das Haupt der Familie."

Beachte jedoch, dass die Eigenschaften dieses Mannes nicht in Betracht gezogen wurden.

Sätze wie: „Niemand wird dich heiraten" lassen die Frau praktisch ohne eine Wahl. Heute ist eine selbstsichere, gebildete und zielgerichtete Frau für Männer attraktiver. Und eine erfolgreiche Karriere ist fast unmöglich, wenn eine Frau schüchtern ist, so sagt es das erste Gebot des erfolgreichen Business. Deshalb sollte Willenskraft eingesetzt werden, um die Schüchternheit im Leben zu überwinden. Am Anfang wird dies schwierig sein, aber später wird es zu Freiheit führen und es dir möglich machen, die Situationen, mit denen du konfrontiert wirst, zu beherrschen.

Eine schüchterne Frau wird der Kraft beraubt, Gottes Berufung in ihrem Leben zu erfüllen. Ängstlichkeit oder Schüchternheit können schnell in Angst ausarten, sodass eine schüchterne Frau Opfer ihrer eigenen Angst wird, Minderwertigkeitskomplexe entwickelt und nicht an sich glaubt. Sie wird schnell in Angst geraten und sich mit neuen und unbekannten Situationen schwer tun. Sie entdeckt bei sich vielleicht viele Schwächen, an denen sie eigentlich leicht arbeiten könnte und wo sie sich leicht verändern könnte, unternimmt jedoch nichts dagegen, weil sie schüchtern und von der Meinung anderer Menschen abhängig ist. Sie macht sich mehr aus der Meinung anderer Menschen als um Gottes göttliche Meinung über ihr Leben.

Ein schüchterner Mensch sorgt sich nur um sein Ansehen und ist von den Reaktionen und Launen der Umwelt und den Umständen abhängig. Sie können sie so beeinflussen wie sie es wollen, weil sie von deren Meinungen abhängig ist. Sie möchte keine Verantwortung für sich selbst übernehmen, geschweige denn für andere. Sie leidet innerlich, denn obwohl sie etwas tun könnte, tut sie nichts, weil sie Angst hat. Sie ist oft unzufrieden und unglücklich, und genauso geht es den Menschen, die ihre Gaben benötigen. Sie leiden an ihrer Trägheit, Schüchternheit und Begrenzung.

Eine schüchterne Frau ist in der Lage, eine bestimmte Situation zu verändern. Sie tut jedoch nichts, weil sie Angst hat. Die Schüchternheit raubt ihr die Möglichkeit, nach Prinzipien zu leben, denn als schüchterne Frau ist sie sehr darum besorgt, was andere von ihr denken. Sie mag es, wenn Menschen ihre Stärken sehen, aber sie möchte nicht, dass diese ihre Schwächen sehen.

Wie schade! Wie traurig! Jahre vergehen und viele Menschen denken weiterhin nur an sich selbst. Viele Menschen um uns herum gehen verloren. Wir beten für einen Erlöser, der sie rettet und wissen nicht, dass Gott schon vor langer Zeit einen Erlöser geschickt hat. Aber leider ist der Erlöser schüchtern!

Schüchterne Menschen können nicht das Beste aus ihrem Leben machen. Sie sorgen sich um nichts anderes als darum, dass sie die größtmögliche Aufmerksamkeit und persönlichen Vorteile erhalten. Jede Frau sollte allerdings wissen, dass sie bereits genügend Aufmerksamkeit bekommt. Gott schenkt dir Aufmerksamkeit, und das ist die beste Aufmerksamkeit, die man bekommen kann.

Jeder Mensch muss verstehen, dass er einen Samen der Großartigkeit in sich trägt, und dass er Gottes Willen für sein Leben ausführen und seine Träume erfüllen kann.

### Zum Nachdenken:

Wie kann man Angst und Schüchternheit unterscheiden? Begründe deine Antwort.

### Eine Frau hat Träume

Ein Traum ist das Wesen und die Antriebskraft für eine jede Errungenschaft. Oft erscheint es uns so als sei der Traum größer als der Träumer, aber eigentlich kann der Träumer jeden Traum verwirklichen.

In einem Traum, in dem wir uns in anderen Dimensionen und verschiedenen Situationen wiederfinden, wo wir das Unbesiegbare überwinden, haben wir das Gefühl, jeden Wunsch unseres Herzens verwirklichen zu können. Genauso können wir im wirklichen Leben unsere Träume verwirklichen. Träume geben uns Flügel, um zu fliegen. Sie tragen uns auf eine neue Ebene und geben uns die Kraft, etwas zu bewirken.

Wir träumen oft im Schlaf, als Symbol für die Existenz einer anderen Welt; die geistliche Welt, von der wir ein Teil sind. In der geistlichen Welt können wir viel mehr tun als wir in der physischen Welt glauben tun zu können.

Und das zeigt uns, dass wir hier auf der Erde das erfüllen können, was wir in der geistlichen Welt sehen. Unsere Träume helfen uns hier auf der Erde, uns auf ewige Werte und unser unbegrenztes inneres Potenzial zu fokussieren, und nicht auf vergängliche Werte und begrenztes Potenzial.
Träume helfen uns, die richtigen Prioritäten zu setzen. Dadurch erkennen wir, dass der Sinn des Lebens nicht in Männern, Freunden, Make up, Mode usw. liegt, sondern in dem, was wir aus der unsichtbaren Welt ziehen und der zukünftigen Generation hinterlassen können. Ein solches Denken wird den Weg zum Ziel unseres Lebens ebnen und uns das innere Gefühl geben, dass wir eine Bestimmung haben.

Großartige Menschen haben großartige Träume. Habe den Mut, große Träume zu haben, dann wirst auch du großartig werden! Träume sind wichtig! Behalte sie und erfülle sie!

Wie zuvor erwähnt, gibt es einen Schöpfer, der einen jeden geschaffen hat und leitet. Er gibt einer jeden Frau einen Traum, durch welchen sie ihre Bestimmung und ihre Berufung erfüllen kann.

Wenn wir diese Wahrheit verstanden haben, werden wir uns entsprechend verhalten können, auch wenn Gott uns an unbekannte Orte führt. Wir dürfen keine Angst haben, denn er leitet uns, nicht wir leiten ihn. Und wohin er uns auch immer führt, wir werden dort langfristig grüne Weiden finden.

Wir müssen hierbei das richtige Gleichgewicht finden. Wir müssen nicht allem folgen, das uns attraktiv erscheint, wir sollten dem Schöpfergott folgen. Und wenn er uns irgendwohin führt, sollten wir ihm zweifellos gehorchen und mit ihm vorangehen.

Menschen, die Gott nicht gut genug kennen und keinen guten Austausch mit ihm haben, werden immer Probleme haben, ihm zu vertrauen. Solche Menschen denken in etwa so: „Wir wissen nicht was geschehen wird, also ist es besser, das zu behalten, was man hat, als es zu riskieren."

Aus genau dieser Denkweise resultieren alle Missverständnisse. Der Mensch, der nicht bereit ist loszulassen, was er hat (nicht einmal für kurze Zeit), kann nichts Neues empfangen. Das, was wir jetzt haben, ist nicht zu vergleichen mit dem Neuen, das Gott uns geben möchte!

Wir müssen entschlossen sein, das Beste aus unserem Leben zu machen. Wir sollten uns weiterentwickeln, um unsere Fähigkeiten und Stärken zu kennen, besonders im Bereich unserer Berufung. Viele von uns können es nicht mit Sportlern aufnehmen, nur weil diese sich über einen langen Zeitraum im Bereich ihrer Berufung weiterentwickelt haben, nicht etwa weil sie besser sind als wir oder unter anderen Bedingungen gelebt haben. Sie wurden erst besser als wir nachdem sie sich auf einem Gebiet weiterentwickelt hatten. Dasselbe gilt für uns; das Leben wird uns das geben, was wir von ihm fordern. Lasst uns also das Beste fordern, das Gott bereits in unser Leben gelegt hat.

Früher hatte ich ein falsches Denken. Ich hatte Angst, über das Unbekannte nachzudenken und war nicht bereit, für irgendetwas meine sogenannte Komfortzone zu verlassen. Aber Dank sei dem Schöpfer, der mir geholfen hat zu verstehen, dass das, was ich heute habe, nur sehr wenig ist im Vergleich zu dem, was ich haben könnte, wenn ich mein gewohntes Umfeld verlassen und ein Risiko eingehen würde. Er half mir zu verstehen, dass die unsichtbare Welt viel großartiger ist als die sichtbare Welt. Und dass das, was ich höre, viel weniger ist als das, was ich nicht höre.

Ähnliche Erfahrungen sind für jede Frau wichtig. Sie sollte bereit sein, die Vergangenheit hinter sich zu lassen und sich auf eine neue Ebene zu begeben. Gott mag Neues, und auch wir müssen es lernen, Neues zu mögen. Jeder Tag bringt neue Gelegenheiten mit sich, und manchmal haben wir nicht einmal genügend Zeit, diese Segnungen, die Gott uns jeden Tag zukommen lässt, zu nutzen.

Es ist nur dann sinnvoll, etwas zu besitzen, wenn man auch die Möglichkeit hat, es zu nutzen. Auch verwirklicht sich der Lebenssinn nur in solchen Situationen, in denen wir beginnen, unser physisches und geistliches Potenzial zu nutzen. Diese Situationen nennt man Probleme.

Das erste Problem im menschlichen Leben ist das Leben selbst. Es ist der Moment, wenn das Kind die geborgene Umgebung des Mutterleibes verlässt. Nur außerhalb dieser Komfortzone bekommen unsere Organe, wie die Lunge, der Magen, die Muskeln eine Bedeutung, weil sie zu arbeiten beginnen. Wenn ein Mensch über einen langen Zeitraum untätig und unbeweglich ist, nutzt sein Hirn nur zwei Prozent seiner Ressourcen. In diesem Zustand ist die Wahrscheinlichkeit, in eine Depression zu verfallen und keinen Sinn im Leben mehr zu sehen, sehr hoch. Um das zu verhindern ist es notwendig, rechtzeitig seine Komfortzone zu verlassen.

Wenn man so handelt und etwas verändert, steigert sich die Aktivität des Gehirns auf 7 %, was ausreicht, um sich gut und glücklich zu fühlen.

### Zum Nachdenken:

Was ist dein Traum? Wann hast du zum letzten Mal deine Komfortzone verlassen? Begründe deine Antwort.

### Der Vater liebt seine Tochter

Frauen waren immer ein Teil der menschlichen Geschichte. Bedauere es niemals, weiblichen Geschlechts zu sein. Dein Geschlecht oder dein Alter begrenzen dich nicht. Du bist Gottes göttliche Wahl; er liebt dich und nimmt dich genauso an, wie du bist. Gott schuf dich so, wie du bist. Er versteht dich seit du begonnen hast zu existieren, er weiß alles über dich, und deshalb hat er dich auserwählt. Es gäbe ohne dich keine komplette Geschichte. Werde zu jemandem, der Geschichte schreibt, du kannst es schaffen!

In Psalm 111:3 steht geschrieben:

*Majestät und Pracht ist sein Tun, seine Gerechtigkeit besteht ewig.*

Ich möchte dich daran erinnern, dass du Teil von Gottes göttlichem Plan bist, du bist kein Fehler. Wir sind keine Massenwaren, im Gegenteil, wir sind in seinen Händen etwas Besonderes.

Lasst uns an die Geschichte über die Rückkehr des verlorenen Sohnes denken. (sh. Lukas 15). Stelle dir einmal dieses Bild vor: Der Vater sieht den verlorenen Sohn und geht auf ihn zu als dieser noch weit entfernt ist. Genauso ist es zwischen uns und Gott. Er sieht alles überall, und seine Augen wachen über uns, weil wir immer in seiner Hand sind. Er liebt uns. All seine Gedanken drehen sich um uns.

Vielleicht fällt es dir schwer, dies zu glauben. Du zweifelst vielleicht daran und fragst dich, wie das möglich ist, aber das ändert nichts an dieser ewigen Wahrheit, wie Gott uns sieht. Es gab Dinge im Leben jedes einzelnen Menschen und sogar in jeder Gesellschaft, die dem menschlichen Verstand nicht zugänglich waren und unbegreiflich erschienen, bevor die Zivilisation eintrat und moderne Technik eingesetzt wurde. Aber die Zivilisation und moderne Technik zeigen uns, dass nichts still steht, alles bewegt sich und entwickelt sich weiter. Der Grund dafür ist, dass Gott, der Schöpfer, ein aktiver Gott ist. Er ist ein Gott des Fortschritts.

Bis heute hat es aufgrund der modernen Technik viele überwältigende Errungenschaften gegeben. Das, was uns früher unmöglich schien, ist nun ganz einfach, real und zugänglich geworden. Wenn dies aufgrund der modernen Technik möglich war, wie viel mehr ist dann alles mit Gott möglich, auch Dinge, die unser Verstand nicht verstehen kann?

Gott, der dich liebt, hat viel mehr Macht als jede moderne Technik. Er steht über allen Dingen, er ist der Gott von allem, und er streckt sich immer nach uns aus. Er liebt dich, und ich bete dafür, dass du ihm entsprechend antwortest.

Als der Vater des verlorenen Sohnes seinen Sohn in Empfang nahm, umarmte und küsste er ihn. Er sorgte dafür, dass sein Sohn sich zu Hause fühlte. Er fing nicht an, ihn zu verurteilen, denn dafür war es schon zu spät. Der Sohn hatte seine Schuld bereits selbst eingesehen und schämte sich für die Frucht seiner Sünden. Er hatte die Frucht seiner Sünde geerntet. Der Vater umarmte und küsste ihn und nahm ihn wieder auf. Er war glücklich, seinen Sohn zu sehen, der nach Hause gekommen war. Er war glücklich, dass er seinem Sohn die Chance geben konnte, noch einmal von vorne anzufangen.

Im vierten Kapitel des zweiten Buches Samuel lesen wir, wie Michal, die Frau Davids, diesen verurteilte, wofür Gott sie mit

Unfruchtbarkeit bestrafte. Als die Prozession mit der Bundeslade dem Königspalast nahe kam, war David sehr glücklich, sein Herz war voller Dankbarkeit Gott gegenüber für die Gunst, die er ihm erwiesen hat und für Gottes Vergebung für die Nation Israel.

David begann, vor dem Herrn zu tanzen, und er erfuhr dabei stark Gottes Gegenwart. Er tanzte leidenschaftlich wie ein Kind und lobte den Herrn von ganzem Herzen vor einer großen Ansammlung von Menschen, einschließlich seiner Sklaven.

Als Michal den König in einem solchen „unanständigen" Zustand sah, verurteilte sie ihn in ihrem Herzen und wartete darauf, dass er nach Hause kam. Sie konnte nicht verstehen, was ihm widerfahren war. Sie konnte nicht verstehen, was den König zu einem solchen Verhalten veranlasst hatte, sein Ansehen so zu schmälern, sogar vor seinen Sklaven, und das im Namen Gottes.

Als David nach Hause in den Palast kam, machte Michal ihm Vorwürfe, weil er sich vor seinem Volk gedemütigt und sich seinem königlichen Status ungebührlich benommen hatte.

Sie verurteilte ihn dafür, Gott so leidenschaftlich verherrlicht zu haben, dass er darüber seinen Stand vergaß. Als sie diese Worte sagte, merkte Michal nicht, dass sie einen Mann verurteilt hatte, der durch Gottes Geist geleitet wurde.

Die Ironie dabei war, dass Michal kein schlechter Mensch war. Sie hatte David geholfen und ihn sogar gerettet, als ihr Vater, König Saul, ihn umbringen wollte. Aber nun zog sie in einem Augenblick den Ärger Gottes auf sich, weil sie eine Situation schlecht analysiert hatte. Wir müssen vorsichtig sein, wenn wir mit Menschen kommunizieren. Es ist sehr leicht, andere Menschen zu verurteilen, besonders wenn wir nicht vollständig über sie oder ihre Situation informiert sind. Wenn wir aber Gott richtig kennenlernen, werden wir sehen, dass Gott niemanden verurteilt, im Gegenteil, er gibt jedem eine Chance. Gott lehrt und bestraft, aber er verdammt uns nicht. Ein Beispiel dafür sehen wir in dem Gottesbild, das Jesus mit der Geschichte des verlorenen Sohnes gezeichnet hat.

Gott war zornig über die unbedachten Worte von Michal, und er strafte sie, indem er sie unfruchtbar machte. Der Teufel möchte uns unbedingt dazu zwingen, die Situationen, in denen wir uns befinden, und die Menschen, mit denen wir zu tun haben, anzuklagen und zu verdammen. Der Mensch, der es sich zur Gewohnheit macht, andere zu verurteilen, ist auf einem gefährlichen Weg. Man könnte sagen, dass er sich den Teufel zum Freund gemacht hat. Für solche Menschen ist es schwer, das Herz des Vaters zu verstehen. Und sie können fruchtlos und unfruchtbar werden wie Michal.

Leider neigen Menschen oft schnell dazu, andere zu verurteilen, und leider geschieht dies auch unter Christen. Gott mag das nicht. Wenn wir uns in schwierigen Situationen befinden, sollten wir Menschen nicht verurteilen, aber wir sollten unser Bestes tun, um die Motivation für das Handeln der Menschen zu verstehen. Wenn wir uns so verhalten, müssen wir immer daran denken, dass der Erfolg eines Christen in den verschiedenen Lebensbereichen ganz genau den Worten entspricht, die er sagt.

Verdammnis hat immer eine negative Auswirkung, sowohl auf den Menschen, der verdammt, als auch auf denjenigen, der verdammt wird.

Langfristig wird sich ein Mensch, der mit dem Geist der Verdammnis erfüllt ist, oft auch selbst verdammen, was dazu führen könnte, dass sein Leben und seine Beziehung zu anderen Menschen stagnieren. Ein Mensch, der verurteilt, ist darauf angelegt, anderen negative Gedanken entgegenzubringen, und diese Menschen fallen dem oft zum Opfer.

Michal wurde von Gott bestraft, weil ihre Verdammnis falsch war. Manchmal versuchen wir, Gottes Stelle einzunehmen, indem wir Menschen verdammen, denen Gott bereits ihre Sünden vergeben hat, oder die „Narren um Christi Namen geworden sind".

Bei allen Menschen, die wir kennen, ist Schuld und Unzulänglichkeit zu finden, was in uns den unbewussten Wunsch auslösen kann, diese zu kritisieren und zu verdammen. Wenn wir aber immer nur auf die menschlichen Fehler achten und uns darauf fokussieren, beginnen wir vielleicht zu glauben, dass wir die einzig vollkommenen Menschen sind und dass nur wir allein Gottes Maßstäben gerecht werden. Das kann zu einer Fehleinschätzung von uns selbst führen, so dass wir höher von uns denken als es richtig ist. Eine solche Einstellung ist aus Gottes Sichtweise falsch. Wir haben kein Recht zu denken, dass wir besser sind als andere.

Natürlich können wir Mängel oder negative Charakterzüge an anderen Menschen entdecken, es sollte uns jedoch kein Vergnügen bereiten, bestimmte Leute in ihrer Abwesenheit zu verdammen. Wenn es sich bei diesen Menschen um Christen handelt, sollte man ihnen mitteilen, was für einen Mangel man an ihnen bemerkt hat und ihnen zeigen, was korrigiert werden sollte. Dies sollte in einem liebevollen und demütigen Geist getan werden. Wenn es dabei um Ungläubige geht, sind wir dazu berufen, ihnen Gott widerzuspiegeln. Dadurch können wir ihnen zeigen, dass Gott sie retten und ihnen helfen kann, einen anderen Lebenswandel zu führen. Wir sollten uns in der Fähigkeit üben, die guten Charakterzüge und Eigenschaften in Menschen zu sehen anstatt uns anzugewöhnen, sie zu verdammen.

Unsere Weisheit wird sich darin widerspiegeln, dass wir reine Herzen haben und frei sind vom Geist der Verdammnis. Die Kriegerprinzessin weiß sich zu beherrschen. Sie sieht die guten Charakterzüge in den Menschen, steht ihnen das Recht zu, Fehler zu machen und versucht immer, eine Situation zu verstehen, bevor sie Schlüsse zieht.

Gott mag keine Sünde, aber er liebt den Sünder. Jesus hat das noch einmal bewiesen, als ihm eine Frau gebracht wurde, die man beim Ehebruch ertappt hatte.

(sh. Johannes 8:1-11)

*Jesus aber bückte sich nieder und schrieb mit dem Finger auf die Erde.*

*Als sie aber fortfuhren, ihn zu fragen, richtete er sich auf und sprach zu ihnen: Wer von euch ohne Sünde ist, werfe als Erster einen Stein auf sie.*

*Und wieder bückte er sich nieder und schrieb auf die Erde.*

*Als sie aber dies hörten, gingen sie, einer nach dem anderen, hinaus, angefangen von den Älteren; und er wurde allein gelassen mit der Frau, die in der Mitte stand.*

*Jesus aber richtete sich auf und sprach zu ihr: Frau, wo sind sie? Hat niemand dich verurteilt?*

*Sie aber sprach: Niemand, Herr. Jesus aber sprach zu ihr: Auch ich verurteile dich nicht. Geh hin und sündige von jetzt an nicht mehr!*

Jesus sah die Verdammnis in den Gesichtern ihrer Ankläger. Sie wollten nicht, dass diese Frau weiterlebt. Sie waren bereit, sie zu steinigen. Sie brachten sie zu Jesus, nicht weil sie Gerechtigkeit liebten, sondern weil sie Jesus versuchen wollten, und dafür nutzten sie die Schwachstelle der Ehebrecherin.

Aber Gott sei Dank, dass sie Jesus versuchen wollten und sie zu ihm brachten. Jesus wurde zu ihrem Befreier, und er nutzte die Situation, um allen das Herz des Vaters zu zeigen.

Nur derjenige, der ohne Sünde ist, hat das Recht, den Sünder zu beurteilen und ernsthaft zu verdammen. In diesem Fall  hatten diejenigen, die das Recht forderten, selbst nicht alle Regeln gehalten. Gott, der sündlos ist, liebt den Sünder, welches Recht haben wir dann, diesen nicht zu lieben?

Als Jesus begann, die Sünden ihrer Ankläger auf die Erde zu schreiben, und dadurch ihre Taten und den Zustand ihrer Herzens zeigte, hörten sie sofort auf, die Frau, ihren Nächsten, zu verdammen. Als sie die Ehebrecherin zu Jesus brachten, hielten sie es nicht für nötig und gerecht, denjenigen zu finden, mit dem sie Ehebruch begangen hatte. Sie sahen sie einfach nicht so, wie Gott sie sieht. Wir sollten nicht warten, bis Gott uns bloßstellt, bevor wir damit aufhören, andere Menschen zu verdammen.

Menschen, die vom Geist der Verdammnis angetrieben werden, kämpfen nicht für die volle Wahrheit oder Gerechtigkeit. Sie sind mehr daran interessiert, die Schwächen anderer Menschen aufzuzeigen, sie zu erniedrigen, zu zerstören und zu steinigen. Achte darauf, dass Gott den Anklägern der Frau keine Aufmerksamkeit schenkte. Im Gegenteil, er zeigte deren Sünden auf und schenkte der Ehebrecherin seine Aufmerksamkeit. Erst nachdem er sich mit ihren Anklägern beschäftigt hatte, wandte er sich ihr zu. Wenn wir unsere Mitmenschen verurteilen, dann ziehen wir selbst die Verurteilung auf uns.

Aber Gott hat eine völlig andere Einstellung uns gegenüber. Der Herr möchte die Frau von der Sünde befreien und mit seiner Liebe erfüllen. Gott lehrt sie, sich selbst wertzuschätzen und als Persönlichkeit wahrzunehmen. Gott vergibt, stellt wieder her und gibt der Frau die Kraft, zu gehen und nicht mehr zu sündigen. Gelobt sei Gott!

Gott hat seine Einstellung zu Frauen bis heute nicht verändert. Er liebt sie. Wenn der Herr den verlorenen Sohn lieben und wiederherstellen kann, dann kann er auch eine jede Frau lieben und wiederherstellen.

Viele von uns haben sich wegen ihrer Sünde aufgegeben. Wir sehen uns nicht als würdig an, seine Kinder genannt zu werden.

Wir vergleichen uns mit Gott, aber er ist nicht so, er hat eine ganz andere Sichtweise. Er nimmt uns so an wie wir sind, und er ist immer bereit, uns eine neue Chance zu geben. Wir müssen nur bereit sein, neu anzufangen. Gott kennt uns und liebt uns mehr als wir es wissen oder als wir uns selbst lieben. Er kann uns in jedem Zustand annehmen und wiederherstellen.

Als ich das verstanden hatte, habe ich mich entschieden, das Beste aus meinem Leben zu machen, was unmöglich ohne den Charakter einer Eisernen Lady zu erreichen ist. Eine Eiserne Lady hat ein kriegerisches Wesen, und deshalb nennen wir sie eine Kriegerlady. Die Kriegerlady versteht, dass es jemanden gibt, der hinter ihr steht, dessen Kraft unbegrenzt ist und dessen Gnade allen Generationen gilt. Sie versteht, dass der Chefkommandant, ihr Schöpfer, sie liebt und sie gleichzeitig lehrt, Krieg zu führen.

### Zum Nachdenken:

Versetze dich in die Lage des verlorenen Sohnes. Versuche, dir vorzustellen und nachzufühlen, wie der Vater auf dich zuläuft, dich umarmt, küsst und dir eine neue Chance gibt. Wie fühlst du dich dabei? Wie gehst du mit der Versuchung um, andere Menschen zu verurteilen? Begründe deine Antwort.

### Gebet

*Lieber Himmlischer Vater, danke dafür, dass du mich liebst und wiederherstellst. Ich bitte dich um die Kraft, eine starke Frau zu sein. Befreie mich von der Angst und Furchtsamkeit und von dem Wunsch, andere zu verdammen. Hilf mir auch, immer eine nachahmenswerte Frau in allen meinen Lebensbereichen zu sein, im Namen des Vaters, des Sohnes und des Heiligen Geistes. Amen.*

# Kapitel 2

# Das Potenzial einer Frau

# ist dem Tee ähnlich

Wie zuvor schon erwähnt wird die Frau oft als schwaches, völlig abhängiges und unterlegenes Wesen dargestellt. Einige religiöse Geistliche haben sie gar Fehler Gottes genannt. Wer so über Frauen denkt, betrachtet das Potenzial der Frauen gleichgültig und geringschätzend. Wenn wir die Geschichte betrachten sehen wir, dass es immer viele hervorragende Frauen gegeben hat, die in ihren Berufungen das Gegenteil bewiesen und damit gezeigt haben, dass es nicht berechtigt ist, Frauen so geringschätzend zu betrachten. Auch du kannst dazugehören.

Das Potenzial einer Frau ist nicht auf ihren Ursprung, ihre Hautfarbe, ihre Bildung, ihre Errungenschaften und Niederlagen beschränkt, um nur einiges zu nennen. Eine Frau kann große Heldentaten vollbringen und die Arbeit ihres Partners ergänzen, dem Mann, der ihr von Gott wegen ihres großen Herzens gegeben wurde.

Es steht in der Schrift geschrieben, dass „alles möglich ist, dem der da glaubt". Das bedeutet, dass auch der gläubigen Frau alles möglich ist. Wenn eine Frau glaubt und ihren Glauben praktiziert, wird eine große Kraft in ihr freigesetzt, die größer als alle Herausforderungen ihres Lebens ist.

Die Frau, die sich entscheidet, ihr Handeln nicht von Zufällen und Umständen abhängig zu machen, wird zu einer Kriegerin werden, jede Furcht besiegen und echte Siege erlangen. Das Potenzial einer Frau ähnelt der Qualität des Tees. Es ist unmöglich zu sagen, wie stark er ist, wenn man ihn nicht zuvor in heißes Wasser legt. Die Prüfungen und schwierigen Herausforderungen des Lebens helfen der Frau, das meiste aus ihrem Potenzial zu machen und den Sieg zu erlangen.

Es gibt eine Geschichte in der Bibel, die diese Gedanken recht gut beschreibt. (Ich liebe Geschichte, und ich glaube, dass jeder Mensch die Geschichte studieren und etwas aus ihr lernen sollte). Im vierten Kapitel im Buch der Richter lesen wir einen Fall, wo die Israeliten von Gott in die Hände Jabins, des Königs von Kanaan, gegeben wurden. Es ist klar, dass die Israeliten wegen ihrer Sünden und ihres Ungehorsams diesem König übergeben wurden. Es ist auch höchstwahrscheinlich, dass dieser König von Kanaan nicht verstanden hat, dass es Gott war, der ihm die Israeliten übergeben hat, und dass dies nicht durch seine eigene Macht geschehen war. Er glaubte, sie aus eigener Kraft erobert zu haben, und wusste nicht, dass es dieses Mal Gottes Wille gewesen war.

Ein Mensch alleine kann aus eigener Kraft keine großen Taten vollbringen, ohne die Hilfe und die Erlaubnis von oben. Gott überblickt alles, was hier unten auf der Erde geschieht, denn die Erde und ihre Fülle gehören dem Herrn. König Jabin war 20 Jahre lang grausam und hart zu den Israeliten, so dass sie zu Gott schrien, und Gott als Antwort auf ihr Rufen einen Menschen aufstehen ließ.

Diesmal sandte Gott eine Frau. Er erwählte eine Frau und bewies damit, dass es möglich ist, beide Geschlechter für Gottes Bestimmung zu gebrauchen, und dass eine Frau nicht weniger wichtig als ein Mann ist. Die Frau ist ein Miterbe der Gnade des Lebens. (sh. 1. Petrus 3:7)

Die Frau ist ein Teil von Gottes Schöpfung. Und auch sie sollte sich selbst als Teil dieser göttlichen Schöpfung sehen.

*Und Gott schuf den Menschen nach seinem Bild, nach dem Bild Gottes schuf er ihn; als Mann und Frau schuf er sie. Und Gott segnete sie....*

In diesem Abschnitt der Bibel sehen wir die Einheit und die Ganzheit der Menschlichkeit. Ganzheit entsteht, wenn alle Bestandteile der göttlichen Schöpfung vorhanden sind, und jeder dabei eine aktive Rolle spielt, das Werk des Vaters zu tun. Die Menschheit erreicht diese Ganzheit, wenn Männer und Frauen ihre Bestimmung im Leben finden, wenn sie sich gegenseitig dienen und das Beste aus ihrem Potenzial machen. Es ist in jedem Arbeitsgebiet möglich, der Perfektion näherzukommen, wenn das Potenzial sowohl von Männern als auch von Frauen zusammengefügt wird. Zusammen sind wir stark!

Es gibt heute keinen großen Unterschied zwischen einem Mann und einer Frau in Jesus Christus. Im Gegensatz dazu haben wir vieles gemeinsam. Gott versöhnte uns mit dem Männlichen in seinem Wesen. Wir sind zusammen mit dem Mann Kinder desselben Vaters. Wir alle sind am Werk des Vaters interessiert, und wir leben, um seine Vollkommenheit zu verkünden. Wir haben vieles gemeinsam, wir haben mehr Gemeinsamkeiten als Unterschiede. Es sind die Unterschiede, die uns einzigartig machen.

Die Tatsache, dass wir als Frau auf diese Welt kamen, beraubt uns nicht des Segens Gottes. Gott segnete sowohl den Mann als auch die Frau (sh. 1. Mose 1:28). Wir können darauf vertrauen, dass wir von Gott gesegnet sind, seinen Plan auszuführen, und dass sich dieser in unserem Leben und durch uns erfüllen wird. Gott segnete sowohl den Mann als auch die Frau, Gott gab beiden Gnade, gemäß ihrer Talente. Jedes Geschöpf sollte seine Rolle spielen und dabei seine Bestimmung erfüllen. Wir sollten uns wie Kinder der gleichen Eltern benehmen.

Genauso wie leibliche Eltern ihre Kinder nicht unterschiedlich behandeln, sondern jedes Kind lieben, für es sorgen und es segnen, so macht auch Gott es mit seinen Kindern. Er liebt, umsorgt und segnet einen jeden, unabhängig von Geschlecht, Rasse, Alter oder etwas anderem. Wir alle wissen, dass es zwischen Mädchen und Jungen, wenn sie klein sind, keinen großen Unterschied gibt. Als Erwachsene sehen wir sie gleich an, einfach als Kinder. Und so ist es auch mit Gott, egal wer du bist, ob Mann oder Frau, zuerst und vor allem bist du ein Mensch und Teil seiner Schöpfung.

In vielen Bereichen können Männer und Frauen füreinander einspringen. Und in Gott können wir all die einzigartigen Eigenschaften eines Mannes und einer Frau finden. Er hat sich selbst unter uns verteilt. Gott ist der Vater und die Mutter allen Lebens. Er versteht sowohl den Mann als auch die Frau in einzigartiger Weise. Er liebt nicht nur die Männer, sondern seine Liebe streckt sich auch nach einer jeden Frau aus.

Ein Werk, das Männer und Frauen gemeinsam erledigen, ist sehr erfolgversprechend. Frauen sollten wissen, dass es ohne sie keinen vollen Segen geben wird, denn ein Teil des Segens liegt auf ihnen. Für die Befruchtung bedarf es zwei Zellen, einer männlichen und einer weiblichen. Männer und Frauen sollten zusammenarbeiten, sie sollten sich bewusst sein, dass Gott sie beide zu jeder Zeit gebrauchen kann. Frauen sind genauso wichtig, funktionieren aber unterschiedlich.

Gott erwählte eine Frau mit Namen Deborah, um das Volk Israel von der Unterdrückung durch Sisera zu befreien. Gott zeigte ihr seinen Plan, sein Volk zu befreien.

Die Israeliten, unter dem Befehl von Barak, führten Krieg gegen Jabin und sein Regime. Gott befreite sie von der Unterdrückung und schenkte ihnen einen großartigen Sieg. Gott führte Sisera mit all seinen Streitwagen und seinem Heer in die Verwirrung durch das Schwert des Barak. Der Krieg war so hart für Sisera, Niederlage und Zerstörung waren so nahe, dass Sisera die Streitwagen hinter sich ließ und zu Fuß floh, um sein Leben zu retten.

### Zum Nachdenken:

Wie siehst du dich selbst als Frau, vor dem Hintergrund der ganzen Menschheit betrachtet? Begründe deine Antwort.

### Die Zeit zu handeln

Eine Beschreibung Deborahs als Richterin in Israel findet sich im Buch der Richter 4:5. Es ist sehr wichtig, die Zeit zu berücksichtigen, in der sie lebte.

Während ihrer Zeit waren die Menschen weit davon entfernt, Gottes Geboten zu gehorchen. Jeder tat, was in seinen eigenen Augen recht war. Das führte dazu, dass sie von ihren Feinden grausam unterdrückt wurden.

Wenn wir glauben, dass bestimmte Handlungen, Verhaltensweisen oder Denkweisen richtig sind, dann heißt das nicht unbedingt, dass sie auch in Gottes Augen richtig sind. Wir müssen unser Handeln, unser Verhalten und unsere Denkweise immer am Wort Gottes prüfen, um sicherzugehen, dass wir noch immer in der Wahrheit leben. Wir leben in einer Welt ohne Glauben, daher muss das, was alle für richtig halten, nicht unbedingt Gottes Wille sein.

Wir treffen oft bestimmte Entscheidungen, die von unseren Gefühlen oder von unseren Situationen und Umständen beeinflusst werden. Externe Faktoren setzen uns ständig unter Druck, wann immer wir Entscheidungen treffen. Wir könnten unser Handeln leicht rechtfertigen. Das bedeutet jedoch nicht, dass es Gott gefällt, und das befreit uns auch nicht von den Folgen unseres Handelns.

So war es zur Zeit Deborahs. Jeder handelte nach seinem Herzen, und das brachte ihnen Gottes Gericht. Wir müssen danach trachten, immer Gottes Willen für uns zu erkennen, denn das wird uns davor bewahren, unwissend irrezugehen.

Es war eine schwierige Zeit in Israel. Deborah war die Richterin Israels, die Prophetin. Man könnte sagen, dass es nicht die günstigste Zeit für einen solchen Dienst war. Es gab praktisch keine normalen Bedingungen für gute Erfolgsaussichten. Wir geraten oft in ähnliche Situationen, wenn wir unsere Pflicht und Berufung in Angriff nehmen. Es gibt jedoch ein paar Prinzipien, die wir von Deborah, der Richterin und Prophetin Israels, lernen können.

Zur damaligen Zeit nahm es eine Frau auf sich, die Verantwortung für ihr Volk zu tragen. Es war in diesen Tagen sehr unüblich, eine weibliche Leiterin von so hohem Bekanntheitsgrad zu sehen. Zu jener Zeit wurden die Frauen so erzogen, dass sie nur für ihre Familie zu sorgen hatten, mit anderen Worten, nicht in der Politik involviert sein konnten.

Aber Deborah beschränkte sich nicht darauf, nur für ihre Familie zu sorgen, im Gegenteil, sie nahm die Verantwortung für eine ganze Nation auf sich, für ihr Volk.

Auf diese Weise betraute Gott sie mit etwas Größerem als sie es selbst war – eines Tages empfing sie ein Wort von Gott für Barak (für ihr Land).

Wir sehen hier, dass Gott eine Frau erwählt hat, um zu einem Mann zu sprechen, weil Deborah in dieser Situation stärker im Geist war als Barak.

Wenn Frauen vor Gott Verantwortung übernehmen, nicht nur für ihr Zuhause, werden sie auch beginnen, Gott näher zu kommen, und wenn sie ihm und ihrem Volk dienen, wird Gott ihnen große Dinge offenbaren. Dann sind sie in der Lage, vielen Menschen zu helfen, einschließlich der Männer, mit denen sie zu tun haben.

Deborah war sich bewusst, welchen Wert sie in Gott hatte! Sie war sich sicher, dass Gott ihr vertraute und seinen Willen durch ihr Leben erfüllen wollte. Sie nahm für zwei Bereiche die Verantwortung auf sich:

- Sie stand auf als Person.

- Sie stand auf als Mutter, die um das Schicksal ihrer Kinder besorgt ist.

Deborah nahm ihre Nation in ihr Herz auf, und deshalb begann Gott, zu ihr über ihre Nation zu sprechen und gab ihr schließlich den Sieg. Wenn jemand im Dienst stehen muss, dann muss es eine Frau sein! Ich bete, dass jede einzelne von uns im Geist Deborahs aufsteht und unseren Wert, unsere Rolle und Wichtigkeit im Herrn erkennt!

Wenn wir von einem Kriegsgeist sprechen, kommen wir dem Punkt in dieser Geschichte näher, wo dieser lebendig zum Ausdruck kommt.

Es geht also weiter…

Sisera floh zum Zelt von Jael, dem Zelt einer einfachen Frau. Und hier geschieht das Unerwartete: Sisera kommt, um sie zu besuchen! Jael hatte nicht gewusst, dass er an diesem Tag kommen würde. Als sie aber mit der Realität dieses Ereignisses konfrontiert war und ihn sah, geriet sie nicht in Angst, sondern im Gegenteil, sie stärkte sich und empfing ihn in ihrem Zelt. Jael, die wusste, dass Siseras Regime die Israeliten unterdrückte, nahm ihn auf und begegnete ihm gastfreundlich.

Anstatt in Angst zu geraten und von zu Hause wegzulaufen, dem Unbekannten und auf diese Weise dem Bösen Raum zu geben, ließ sie sich von Gott zu einem Werkzeug machen, durch das das Böse zerstört würde. Sie weinte nicht, beklagte sich nicht über ihr unglückliches Schicksal, sie verfiel nicht in Selbstmitleid, sie suchte nicht nach einem anderen Verteidiger. Sie stellte sich der Herausforderung und überwand das Böse als Mutter in Israel selbst. Jael war bis zu diesem Moment keine Soldatin gewesen, aber sie wurde in einem Augenblick zu einer, denn sie hatte den Kriegergeist in sich.

Eine Frau entwickelte einen Plan, den Feind zu zerstören. Sie war kurz zuvor einfach nur zärtlich und fürsorglich gewesen, aber das verschloss ihr nicht die Augen für Gottes gerechtes Urteil.

Jede Frau befindet sich nun im Krieg, aber dieser Krieg richtet sich nicht gegen Fleisch und Blut, nicht gegeneinander, sondern gegen böse geistliche Mächte, die sie versklaven wollen. Die Kriegerin gewinnt den Kampf und hilft auch anderen, zu Gewinnern zu werden.

### *Zum Nachdenken:*

In was für einem Krieg befindest du dich zur Zeit? Begründe deine Antwort.

### *Angemessenes Verhalten in schwierigen Situationen*

Im Gleichnis über die Witwe, die sich an den gottlosen Richter gewandt hatte (sh. Lukas 18:1-8), sehen wir ein Beispiel, wie man sich in schwierigen Situationen richtig verhalten kann.

Der Richter, der sich immer wieder weigerte, sich für sie gegen ihren Gegner einzusetzen, war nach einer Weise dann doch einverstanden, ihr zu helfen, weil er ihre Hartnäckigkeit sah. Am Ende des Gleichnisses sagte Jesus, dass wenn ein ungerechter Richter der Frau helfen konnte, wie viel mehr wird Gott dann seine Erwählten, die ihn Tag und Nacht anrufen, beschützen.

Es ist bemerkenswert, dass Jesus, während er dieses Gleichnis erzählte, betonte, wie wichtig es sei „allezeit zu beten und nicht zu ermatten" (Lukas 18:1). In schwierigen Situationen ist es angemessen, auf Gott zu hoffen und ihn jederzeit im Gebet anzurufen. Egal, mit was für Schwierigkeiten wir zu tun haben, wir sollten niemals im Gebet nachlassen. Es ist sehr wichtig, ständig mit Gott verbunden zu sein und an der Beziehung zu arbeiten.

Durch den Glauben empfängt der Christ Segnungen, und Glauben ist die Frucht unserer Kenntnis über Gott. Außerdem ist es wichtig, sich Ziele zu setzen und sich auf diese zuzubewegen, dabei aber nicht auf äußere Faktoren zu achten, denn ein Mann, der seine Hand an den Pflug legt und zurückschaut, taugt nicht für das Reich Gottes.

Wenn wir ständig eine gute Beziehung zu Gott aufrechterhalten, wird er uns zeigen, wie wir seinem Willen gemäß beten und was für Prioritäten wir im Gebet setzen sollen.

Wenn wir Gott beharrlich um etwas bitten und an die Tür klopfen, dann wird Gott unser Leben zu seiner Zeit in die richtige Richtung lenken.

Es ist wichtig, daran zu denken, dass Gott Gebete hört und erhört. Wenn wir seine Antwort aber nicht gleich empfangen, gibt es bestimmte Gründe dafür. Ein Mensch, der für etwas betet, könnte z.B. nicht reif genug sein, um mit dem erbetenen Segen richtig umgehen zu können.

Genauso wichtig ist es, nicht selbstzufrieden zu werden, wenn Gott unsere Bitten erhört. Wenn Gott dein Gebet beantwortet hat, dann beginne, für andere Menschen zu beten. Gott möchte nicht, dass wir auf derselben Ebene bleiben und mit wenig zufrieden sind, sodass nur unsere täglichen Bedürfnisse befriedigt werden. Gott hat uns für eine höhere Bestimmung geschaffen. Denke immer daran, dass Gott uns unvergleichlich mehr geben kann, als wir von ihm erbitten können.

Im letzten Vers des oben zitierten Abschnitts der Bibel lesen wir die folgenden Worte:

*„Ich sage euch, dass er ihr Recht ohne Verzug ausführen wird. Doch wird wohl der Sohn des Menschen, wenn er kommt, den Glauben finden auf der Erde?*

Lukas 18:8

In der Botschaft hier geht es nicht nur um Gottes Versprechen, uns zu helfen, sondern es kommt die Frage auf, ob überhaupt jemand den festen Glauben bewahren wird, sodass Jesus bei seiner Wiederkunft echte Gläubige finden wird. Das Wichtigste ist für Gott, dass wir als seine Kinder fest im Glauben bleiben. Tatsächlich hilft uns nur der Glaube, nah bei Gott zu bleiben und unseren Zielen näherzukommen, ohne uns von Schwierigkeiten aufhalten zu lassen. Durch den Glauben können wir unsere Zukunft sehen und unsere Berufung erfüllen.

Die Kriegerprinzessin ist eine Frau des Glaubens, die vor nichts Halt macht. Sie kämpft ständig um etwas. Sie kämpft bis zu ihrem letzten Atemzug, sie kämpft, bis sie den vollkommenen Sieg erlangt hat. Sie gibt bei Problemen nicht auf und erliegt Versuchungen nicht. Sie geht mit Gott voran und sie erlangt den Sieg.

Während wir in dieser Welt leben ist es unvermeidbar, dass wir durch verschiedene Versuchungen gehen müssen. Deshalb ist es für uns wichtig zu wissen, wie ein gläubiger Christ und besonders eine christliche Frau auf solche Situationen reagieren sollte.

*Wehe der Welt der Verführungen wegen! Denn es ist notwendig, dass Verführungen kommen. Doch wehe dem Menschen, durch den die Verführung kommt!*

Matthäus 18:7

Die Kriegerprinzessin weiß, dass Probleme und Prüfungen kommen werden; deshalb ist sie nicht überrascht, wenn sie kommen. Und sie weiß, dass Versuchungen kommen müssen, damit sie sie überwinden und zu einer Gewinnerin werden kann.

Die Kriegerprinzessin wird niemals zu einer Quelle der Versuchung oder des Ärgers für ihre Umwelt werden. Sie weiß, dass so ein Verhalten nicht gut ist. Es ist ein Weg in die Verdammnis. Wohin sie auch geht, bringt sie Gottes Segen mit sich und gibt ihn an andere weiter. Eine Frau, die andere Menschen versucht, wird zum Kanal und Träger eines Fluches.

Wahrscheinlich hast du gemerkt, dass während der warmen Jahreszeit viele Leute, vor allem Mädchen, Kleidung tragen, die ihren Körper kaum bedeckt, um sich auf diese Weise darzustellen. Jede Frau sollte wissen, dass ein solcher Kleidungsstil für Männer und auch für andere Frauen, besonders für Teenager und Kinder, eine ernsthafte Versuchung darstellt. Alles, was wir tun, direkt oder indirekt, beeinflusst die Menschen um uns herum. Christliche Frauen sollten daher sehr vorsichtig sein und anständige und dezente Kleidung tragen. Auf diese Weise wird Gottes Reinheit und Heiligkeit demonstriert und göttliche Ordnung und göttlicher Segen verbreitet.

Wenn du im Sommer alle unnötigen Kleidungsstücke ausziehen möchtest ist es ratsam, Kleider und Kostüme aus Naturfasern zu tragen, die luftdurchlässig sind. Auf diese Weise kann man Kleidung tragen, die den christlichen und moralischen Anstandsmaßstäben entspricht.

Manche Frauen versuchen ihren Kleidungsstil zu rechtfertigen, indem sie sagen, das Wichtigste sei der Zustand ihres Herzens, denn das ist es, was Gott sieht. Eine Kriegerprinzessin weiß jedoch, dass sie Gottes göttliche Kultur überall repräsentiert. Gottes göttliche Kultur steht über den menschlichen Kulturen und Traditionen, deshalb sollen wir uns zuallererst von Gottes Maßstäben leiten lassen. Außerdem ist es in keiner anständigen Gesellschaft erlaubt, unanständige Kleidung zu tragen. Wir sehen z.B. keine Ehefrauen von Staatsoberhäuptern und anderen hohen Staatsbeamten, die bei öffentlichen Veranstaltungen Miniröcke tragen.

Der Zustand des Herzens sollte mit Gottes göttlicher Kultur in Einklang sein. Wir sollen wissen, dass wir im geistlichen Bereich stärker werden, wenn wir Versuchungen überwinden. Wenn wir mit einer bestimmten Versuchung nicht fertigwerden, dann gerät unser geistliches Wachstum in Gefahr. Wenn wir Versuchungen überwinden, steigen wir auf die nächste geistliche Ebene. In Christus zu bleiben bedeutet kein problemloses Leben, wie manche Christen glauben. In Christus zu bleiben bedeutet, den Sieg über Probleme durch die Kraft unseres Herrn und Erlösers Jesus Christus zu erlangen.

Manchmal könnten Menschen, die unsere Probleme sehen, provokativ fragen, was der Sinn dabei ist, Gott zu dienen und ihm zu gefallen, wenn wir noch immer genauso wie sie mit Problemen konfrontiert werden. Natürlich können solche Aussagen verärgern, besonders neu bekehrte Christen oder schwache Christen. In diesem Fall wäre es richtig zu antworten, dass wir in Jesus Christus zuerst einmal deshalb weniger Probleme haben, weil unsere Lebensweise diese in einem hohen Maße verhindert.

Der zweite Punkt ist, dass wir in Prüfungen voll und ganz auf Gott hoffen und ihm vertrauen. Er ist unsere Ruhe im Sturm. Wir fühlen immer seine Liebe und erleben, wie seine Hände uns in schweren Zeiten durchtragen.

Der dritte Punkt ist, dass wir als seine Kinder nach dem Tod zu ihm, unserem Vater, mit dem wir ewig leben werden, zurückkehren werden. Dies ist das endgültige Ziel eines jeden Christen. Das Wichtigste im Leben eines Christen hier auf der Erde ist es, den Frieden in unserem Herzen zu behalten, unabhängig von allen äußeren Umständen, und auf unser wichtigstes Ziel im Leben zuzugehen.

Gott hat uns viele großartige Siege in diesem Leben versprochen, und er, der diese versprochen hat, wird sein Versprechen auch gewiss halten.

In den Ferien und an Feiertagen nehmen die Versuchungen oft zu. Wenn wir daher eine Auszeit oder Ferien haben, sollten wir ständig mit Gott in Verbindung bleiben, zu jeder Jahreszeit. Es ist möglich, Ferien oder Urlaub von der Arbeit oder dem Studium zu machen, aber es ist unmöglich, Ferien oder Urlaub von Gott zu machen, weil er für uns so lebensnotwendig wie Luft und Nahrung ist.

### Zum Nachdenken:

Was wirst du tun, wenn du mit unerwarteten Schwierigkeiten konfrontiert bist? Ist es möglich, ohne Gott zur Ruhe zu kommen? Begründe deine Antwort.

### Gebet

*Lieber Himmlischer Vater, ich nehme mich als Frau an. Ich glaube, dass dies das Beste für mich ist. Ich bitte dich um Kraft und Weisheit, immer eine starke Frau zu sein. Hilf mir, Herr, immer das Bild zu sehen, wie du auf mich zuläufst, mich umarmst, küsst und annimmst. Das brauche ich, und das wird mir helfen, mich richtig zu verhalten und mich nicht vor unerwarteten Schwierigkeiten zu fürchten. Ich danke dir, dass du mein Gebet hörst, im Namen des Vaters, Sohnes und des Heiligen Geistes. Amen*

# Kapitel 3

# Die richtige Einschätzung oder

# Missbrauch?

Dieses Buch ist den Frauen gewidmet, die das Beste aus ihrem Potenzial machen wollen. Deshalb werden wir näher auf sie eingehen. Es gibt eine Ungerechtigkeit in der Welt – die Manipulation der Frau.

Gott hat Frauen mit einer göttlichen Schönheit beschenkt. Diese Schönheit hat sowohl innere als auch äußere Seiten, und diese Schönheit zieht Aufmerksamkeit auf sich. Frauen sind es gewohnt, viel Aufmerksamkeit zu bekommen, dass sie sich sehr unwohl fühlen, wenn es scheint als schenke ihnen niemand Aufmerksamkeit. Manche Frauen tun alles, um die Aufmerksamkeit der Welt zu bekommen, und sie tun dies, indem sie Menschen und Situationen manipulieren.

Der Missbrauch ist unvermeidbar, wenn eine Frau vergisst, wer sie wirklich ist und ihre Berufung vernachlässigt. Sie wird sich selbst missbrauchen und natürlich wird ihr Umfeld dasselbe tun.

Es ist wahr, dass jeder seine eigene konkrete Berufung hat. Jeder wurde aus einem bestimmten Grund geboren und hat einen bestimmten Auftrag. Und bevor ein Mensch beginnt, die Bestimmung zu erfüllen, zu welcher er geboren wurde, wird er niemals Frieden und Befriedigung im Leben erfahren. Ein Mensch mag Geld haben, Ehre, ein gutes Umfeld usw., aber er wird den Sinn des Lebens nicht finden, weil er Gottes himmlisches Programm für sein Leben nicht erfüllt.

Sehr oft wählen sich Menschen eine falsche Berufung für ihr Leben. Sie versuchen, „ihre" Berufung zu erfüllen und ignorieren dabei alle anderen Faktoren. Sie benutzen alles und jeden, um ihre

Ziele zu erreichen. Sie schaden oft dem Schicksal vieler Menschen, und langfristig sind sie selbst nicht glücklich und zufrieden mit ihrem Leben.

Gemäß dem russischen Ogegov's Wörterbuch bedeutet das Wort Manipulation, jemanden auszutricksen, zu betrügen. Das englische Webster's Wörterbuch zeigt zwei Bedeutungen für dieses Wort an:

- Mit speziellen Fertigkeiten umgehen oder beeinflussen, wie z.B. bei einem Spezialisten, der das Ziel hat, eine bestimmte Arbeit zu tun, die anderen hilft und anderen dient

- Mit speziellen Fertigkeiten umgehen oder beeinflussen, um persönlich davon zu profitieren

Ich glaube, dass Manipulation für jeden Menschen etwas Natürliches ist. Gemäß der ersten Definition ist sie auch in Ordnung, weil sie unsere Fähigkeit entwickelt zu planen, zielbestimmt zu handeln und Problemlösungen zu finden, sodass wir Schritt für Schritt den Preis zahlen können, um unser Ziel zu erreichen. Eine solche Manipulation ist gut. Sie bedeutet Motivation und die richtige Lebenseinstellung.

Wenn wir aber gemäß der zweiten Definition manipulieren, dann handelt es sich um Missbrauch. Und diese Art von Manipulation ist der Grund für viele Missverständnisse und Konflikte in der Welt der Frauen.

„Ich bin ihre Manipulation leid", sagt ein frustrierter Ehemann, der sich über seine Ehefrau beklagt, zu einem Familienberater. „Sie weint immer, um ihren Willen zu bekommen. Ich liebe sie, aber ich weiß nicht, wie lange ich ihre Manipulation noch aushalte. Wenn ihr etwas nicht gefällt, dann beginnt sie zu weinen, und behauptet, ich würde sie nicht lieben. Sie glaubt, sie zu lieben bedeute, dass alles nach ihrem Kopf gehen muss, auch wenn es nicht richtig ist. Ich weiß nicht, ob Sie helfen können. Ich beginne daran zu zweifeln, dass sich unsere Beziehung noch wiederherstellen lässt." Der Mann öffnete völlig sein Herz.

Situationen wie diese kommen sehr häufig vor und sind einer der Gründe für Konflikte in der Familie. Frauen wurden nicht geboren, um andere zu manipulieren, damit sie persönlich davon profitieren können. Sie wurden geboren, um Gottes Willen in ihrem Leben zu erfüllen. Weinen, damit deine Wünsche erfüllt werden, ist ein Zeichen von billigem Erfolg. Eine Frau sollte wissen, wie sie ihren Standpunkt und ihre Sichtweisen darstellen kann, wie sie anderen Sichtweisen zuhören und wie sie gute Lösungen finden kann, bei denen jeder profitiert. Man muss nicht vor anderen Menschen weinen. Es ist besser, sich vor Gott zu demütigen und so zu werden wir er.

Eine Ehefrau sollte ihren Mann durch ihren Glauben, ihre Zuversicht und ihre Unterstützung zu guten Taten motivieren. Weibliche Manipulation ohne gute Einschätzung führt zu Missbrauch. Wenn wir auf die Geschichte von Jael zurückkommen, sehen wir, dass auch sie Sisera manipulierte, aber im Sinne der ersten Definition. Wenn sie ihn ignoriert hätte, hätte sie dies das Leben kosten können. Aber Jael war eine weise Frau, sie wartete auf einen günstigen Moment und auf Gottes Hilfe. Sie wusste, dass Sisera ein böser Mann war, und dass dies für sie eine Gelegenheit war, ihn zu zerstören. Jael nagelte ihn auf der Erde fest.

Ich bin sicher, dass dies nicht einfach für sie war. Sehr wahrscheinlich hat sie dabei gezittert, aber der Kriegergeist in ihr half ihr, diese Entscheidung zu treffen und den Feind auf ihre Weise zu töten.

Du musst verstehen, dass Jael Sisera nicht einlud. Sie wusste nicht einmal, dass er kommen würde. Gott selbst inszenierte das gemäß seinem Willen, weil er den Sieg für das Volk Israel durch sie vorbereitete. Und er vollendete es.

Es gibt Frauen, die von ihren Ehemännern, Chefs oder Eltern gedemütigt wurden, um nur einiges zu nennen. Und erst wenn diese Frauen den Schmerz oder die Zerstörung nicht mehr länger ertragen können, entscheiden sie sich, die ungesunde Beziehung zu beenden und ein vollkommen neues Leben anzufangen. Weil ihnen aber der kriegerische Geist fehlt, der ihnen dabei hilft, stark zu sein und im Kampf auszuharren bis der Sieg errungen ist, kehren sie bald zu ihren alten Beziehungen, ihrer alten Lebensweise zurück und brechen damit das Versprechen, das sie sich selbst gegeben haben.

Diejenigen, die solche Frauen missbrauchen und die Ursache für deren Unsicherheit sind, wissen auch genau, wie sie diese Frauen unter Kontrolle halten können. Sie wissen, wie, wann und was sie ihnen sagen müssen, damit diese sich anders entscheiden. Leider leben viele Frauen weiterhin so wie sie immer gelebt haben und bleiben emotional an die Menschen gebunden, die sie missbrauchen und demütigen.

Manchmal geschieht es, dass ein Ehemann seine Frau schlägt und verbal misshandelt, wenn sie getrennt von ihm leben möchte. Er sagt dann: „Oh nein, du willst mich anfällig für den Ehebruch machen. Ich liebe dich, und ich kann ohne dich nicht leben." Die Frau, die diese „romantischen Worte" hört, vergibt ihrem Mann und lebt weiter mit diesem missbrauchenden Ehemann zusammen, ohne dass es zu einer Vereinbarung kommt, wie es weitergeht.

Eine solche Situation bezeugt, dass der Frau der kriegerische Geist fehlt. Es wäre interessant zu wissen, ob der Ehemann darüber nachgedacht hatte, ob er seine Frau für etwas anfällig machte als er sie schlug und verbal misshandelte!

Frauen müssen sich von allen Ketten befreien. Sie sollte ihren Wert mehr zu schätzen wissen als das Geld, Familienstand, Sex, ihre Stellung in der Gesellschaft oder die öffentliche Meinung, um nur einiges zu nennen. Die Berufung der Frau muss stark und frei sein, sie sollte nur von Gott und seinen Prinzipien abhängen. Es sollte keinen anderen Gott in ihrem Leben geben, sie sollte gegen alles kämpfen, das Gottes Prinzipien in ihrem Leben entgegensteht und dieses besiegen.

Eine Frau sollte immer eine Persönlichkeit bleiben! Gott ist in der Lage, alles zu erfüllen, was er versprochen hat und was er uns und unserer Generation verspricht. Dies ist aber nur dann möglich, wenn wir bereit sind zu tun, was noch nicht getan wurde. Wir sollten bereit sein, unsere Komfortzone zu verlassen und eine Entscheidung treffen, dem Aufschrei der Menschen in unserem Umfeld zuzuhören und zu Gottes Antwort für sie zu werden.

### *Zum Nachdenken:*

Manipulierst du Menschen? Wenn ja, was motiviert dich dazu? Begründe deine Antwort.

### *Das Böse geschickt überwinden*

Die Zeit, in der wir heute leben, ist anders als die biblische Zeit, also brauchen wir auch modernere Methoden der geistlichen Kriegsführung. Und wir sollten doch immer daran denken, dass wir gegen denselben alten Feind kämpfen. Natürlich können wir in einer demokratischen Gesellschaft einen Menschen nicht physisch töten, so wie Jael Sisera getötet hat. Dafür besteht auch keine Notwendigkeit. Unser Feind ist kein Mensch, unser Krieg geht nicht gegen Fleisch und Blut. Wir kämpfen gegen Feinde, gegen Fürstentümer und Mächte, die hinter dem Neid, dem falschen Denken, der Philosophie und der Traditionen der Vorfahren stehen, um nur einiges zu nennen.

Wir kämpfen gegen diese bösen Geister, indem wir das Wort Gottes und seinen Geist einsetzen. Wir schaffen eine gute Umgebung und reißen Festungen nieder durch das Wort Gottes, das wir aussprechen. Wir erfüllen Gottes Willen durch den Heiligen Geist in uns, denn nichts und niemand kann sich dem Heiligen Geist, dem Wort und dem Namen Jesu in uns entgegenstellen.

Wir kämpfen auf der Gedankenebene, und dort müssen wir auch den Sieg erlangen und erhalten. Wenn wir das verstanden zu haben, werden wir die richtigen Maßnahmen ergreifen können. Dann werden wir in unserer Generation große Taten vollbringen können.

Sisera, der Unterdrückung symbolisiert, wurde von einer gewöhnlichen Frau getötet, die sich entschloss, eine Kriegerin zu sein und auf diese Weise ihrer Nation zum Sieg verhalf. Frauen haben eine Rolle zu spielen: Sie müssen das Böse geschickt überwinden, wann auch immer sie es sehen. Wir sollten uns ganz genauso verhalten. Jael ist nicht besser als du auch, sie ist ein Zeugnis dessen, was Gott durch dich tun kann. Jeder von uns muss seinen Kampf kämpfen.

Manchmal weigern sich Frauen zu kämpfen, weil sie sich mit anderen vergleichen und glauben, dass sie nicht fähig dazu sind. Aber du musst deinen Kampf nicht so kämpfen wie es andere tun, du musst deinen Kampf geschickt kämpfen. Unser Kampf ist der Kampf des Herrn! Jael kämpfte ihren Kampf mit dem, was sie hatte. Sie schaute nicht nach einem Schwert oder einer Pistole, sie kämpfte mit dem, womit sie kämpfen konnte, und Gott schenkte ihr den Sieg. Gott ist bereit, auch dir den Sieg zu schenken.

Gott gab David den Sieg – er besiegte Goliath mit einem Bogen und fünf kleinen Steinen. Gott wird das gebrauchen, was schwach und unmöglich erscheint, um seine Herrlichkeit zu zeigen.

So hat jeder von uns seine eigenen Fertigkeiten, um den geistlichen Krieg zu führen. Lasst und diese Fertigkeiten einsetzen, um unsere Welt bunt zu machen und den großen Sieg zu erlangen. Die Herrlichkeit des Mondes ist anders, die Herrlichkeit der Sonne ist anders, die maskuline Herrlichkeit ist anders und die feminine Herrlichkeit ist auch anders. Unterschätze Gottes Gnade in deinem Leben nicht. Du kannst es schaffen!

Jede Frau wird dem Bösen auf ihrem Weg begegnen. Manchmal könnte es etwas vertrautes Böses sein, manchmal nicht. Aber es spielt nicht wirklich eine Rolle, welche Art von Bösem dir begegnet, die Hauptsache und die Wahrheit ist, dass man es geschickt überwinden kann.

Gott gab dir Fertigkeiten, Talente, die Fähigkeit zu manipulieren, weil er möchte, dass du zu einer guten, gesegneten Lebensweise beiträgst und den Wert und die Integrität der Frauen und ihrem Schöpfer zurückgewinnst. Eine Frau ist im allgemeinen eine auf natürliche Weise praktizierende Psychologin, was viele Gründe hat.

Der erste Grund sind die vielen Jahre, die sie Erfahrung in der Kindererziehung gesammelt hat. Ich glaube, du wirst mir zustimmen, dass es ohne solche Fähigkeiten nicht möglich ist, Kinder zu erziehen.

Der zweite Grund ist ihre physische Schwäche. Einen Mann dazu zu bringen, das zu tun, was sie will, erfordert spezielle Fähigkeiten. Sie tut dies natürlich nicht durch Macht oder Befehle, sondern mit besonderem psychologischen Einfluss. Deshalb ist die Fähigkeit, mit einem Mann umzugehen, eine natürliche Fähigkeit der Frauen. Aber sie muss diese Fähigkeit weise einsetzen, nicht nur für sich selbst, sondern zum Nutzen für alle.

Schönheit, Charme, Güte, Liebe und Mitgefühl und viele andere Eigenschaften der Frauen ziehen sowohl das Gute als auch das Böse an. Deshalb muss eine Frau zwischen Bösem und Gutem unterscheiden können. Sie muss Menschen in ihrem Umfeld in positiver Weise beeinflussen und das Leben richtig verstehen. Also, Frauen, lasst uns anfangen, Einfluss zu nehmen!

Jedes Mal, wenn wir für die Dinge, an die wir glauben, einstehen, wird uns die Situation zum Besten dienen. Sie wird mit einem Segen für uns und unsere Generation ausgehen. Die Frau, die mit Kriegergeist und Geschick sich und andere leitet wird immer im Willen Gottes für ihr Leben bleiben, und sie wird sich und ihren Mitmenschen Gutes tun.

### Zum Nachdenken:

Wie unterscheidest du die guten Dinge von den Dingen, die für dich anziehend sind? Begründe deine Antwort.

### Gebet

*Lieber Himmlischer Vater, ich danke dir für den Verstand, den du mir gegeben hast. Ich bitte dich, mir zu helfen, immer nur mit guten Absichten zu manipulieren. Hilf mir, gute Motive zu haben, meinen Krieg geschickt zu führen und das Böse zu überwinden. Gib mir die Stärke, zwischen Gut und Böse zu unterscheiden und immer daran zu denken, dass ich aus einem bestimmten Grund hier auf der Erde lebe. Mache mich zu einem Segen für meine Generation im Namen des Vaters, des Sohnes und des Heiligen Geistes. Amen.*

## Kapitel 4

# Demut oder Schwachheit

Jeder Mensch ist in Gottes Ebenbild geschaffen. Diese Aussage bedeutet, dass wir in der geistlichen Welt Gott ähnlich sind, daher sollten wir uns verhalten wie er und seinen Geboten folgen.

Die folgenden Worte:

*Erinnere sie, staatlichen Gewalten und Mächten untertan zu sein, Gehorsam zu leisten, zu jedem guten Werk bereit zu sein*

(Titus 3:1)

sind in der Bibel zu finden. Dies bedeutet, dass wahre Christen den Autoritäten Gehorsam und Respekt erweisen sollten. Es spielt dabei keine Rolle, wer an der Macht ist, denn die Autorität wurde ihm von Gott gegeben.

Wenn es um Gottes Forderung geht, den Autoritäten zu gehorchen, muss erwähnt werden, dass wir nur dann das Recht haben, ihnen nicht zu gehorchen, wenn sie uns etwas befehlen, was dem Wort Gottes widerspricht. Dies geschah Daniel. Daniel, der gehorsam war, gehorchte dennoch nicht dem Befehl des persischen Königs Darius als dieser befal, dass Gebete für jegliches Anliegen nur an ihn und niemanden sonst gehen sollten. Daniel betete weiterhin regelmäßig zu Gott, trotz der Verbote des Königs. Auch eine andere biblische Figur, Josef, diente treu seinem Meister, Potifar. Als aber Potifars Frau begann, ihn verführen zu wollen, mit ihr Ehebruch zu begehen, weigerte er sich zu sündigen. Er floh davor.

Sollten wir uns jemals einem falschen Befehl einer Autorität widersetzen müssen, so sollten wir dies mit Respekt tun. Dieses Prinzip ist auch in anderen Lebensbereichen anwendbar. Eine

Frau, die mit den Entscheidungen ihres Ehemannes nicht einverstanden ist, sollte taktvoll und weise vorgehen, denn der Mann ist das Oberhaupt der Familie.

„Warum sollte das so sein? Er ist nicht besser als ich!" antwortete eine Ehefrau unzufrieden. Der Ehemann ist nicht deshalb das Haupt der Familie, weil er besser oder weiser als die Frau ist, sondern weil er von Gott dazu auserwählt wurde. Es kann auf einem Schiff keine zwei Kapitäne geben. Unser Gott ist ein Gott der Ordnung, und das ist der Grund dafür, warum er einen von zwei fähigen Menschen als Haupt der Familie eingesetzt hat.

Im oben genannten Abschnitt wurde auch erwähnt, dass wir zu jedem guten Werk bereit sein sollen. Das bedeutet, dass wir anderen Menschen immer Gutes tun, uns um sie sorgen und ihnen christliche Werte vorleben sollten. Wenn wir uns so verhalten, werden die Menschen in unserem Umfeld zu Zeugen, dass Gott durch uns wirkt.

Jesus Christus, der den irdischen Obrigkeiten und seinem himmlischen Vater gehorsam war, war um alle Menschen besorgt, denen er begegnete. Wir sollten seinem Beispiel folgen und daran denken, dass niemand uns zufällig begegnet. Wir können Menschen begegnen, die ernsthafte Probleme haben, was uns aber keine Angst machen sollte, denn der Umgang mit solchen Menschen wird uns helfen, geistlich zu wachsen. Jesus gab den Menschen immer, was sie brauchten. Wenn auch wir Menschen helfen und ihnen praktischen Rat geben wollen, dann müssen wir eine enge Beziehung zu Gott haben.

Wir sollten einander immer Demut und Respekt entgegen bringen, unabhängig von unserem Status und unserer Position. Auch ein Pastor sollte seine Überlegenheit gegenüber anderen Gläubigen nicht betonen. Pastor zu sein ist überhaupt kein Grund, seine Untergebenen einzuschüchtern oder zu demütigen. Dasselbe gilt für Menschen, die außerhalb der Gemeinde leitende Positionen innehaben.

Das heißt jedoch nicht, dass Führungskräfte keine vortrefflichen Leistungen von ihren Untergebenen erwarten dürfen oder sie nicht bestrafen dürfen, wenn sie mangelnde Disziplin zeigen. Respekt vor Menschen und Verantwortungsbewusstsein muss auf führenden Positionen zusammenkommen.

Um Gott zu gefallen, müssen wir es also vermeiden, negativ zu reden und einander Demut und Respekt entgegenbringen.

„Was ist in Bezug auf meinen Ehemann der Unterschied zwischen Schwäche und Demut?" fragte eine verheiratete Frau. Es besteht ein großer Unterschied zwischen Schwäche und Demut. Verheirateten Paaren wird empfohlen, ihre Beziehung auf gegenseitigem Verständnis und Demut aufzubauen.

Schwäche ist fehlende Vollmacht, es fehlt der Wille und die eigene Meinung. Schwäche lässt einen Menschen zum Opfer der Umstände werden. Demut dagegen ist ein Zustand der Kraft und des Willens, bei dem eine Bestimmung, eine eigene Meinung und ein Ziel vorhanden sind.

In der Bibel steht geschrieben, dass „Gott den Demütigen Gnade gibt" (Jakobus 4:6)

Der Herr gibt einem demütigen Menschen (einer Frau oder einem Mann) die Gnade, Gottes Willen in seinem Leben zu erfüllen. Nur wahrhaftig demütige Menschen können sich selbst demütigen, mit dem guten und selbstlosen Ziel, in Frieden zu leben.

Einer der Gründe, warum es in unserer Zeit so viele Probleme gibt, ist die Tatsache, dass wir uns selten für einen guten Zweck demütigen. Jeder ist stolz vor dem anderen, und niemand möchte seinen Krieg geschickt führen.

Demut ist nicht dasselbe wie Versklavung. Viele Schwache, Arme und unterprivilegierte Frauen sind versklavt aufgrund bestimmter Umstände, nicht weil sie demütig sind, sondern weil die Situation ihnen dies auferlegt. Vielleicht erscheint es dir als sei eine Kriegerprinzessin nicht demütig. Wenn dem so ist, dann stehst du der Kriegerprinzessin gleichgültig gegenüber. Ohne Demut ist die Niederlage unvermeidbar. Ohne Demut kann sie ihre Berufung nicht erfüllen.

Wahre Demut geschieht dann, wenn wir (unser Fleisch) etwas nicht tun wollen, und die Möglichkeit haben, es nicht zu tun, aber dennoch die Entscheidung treffen, um Christi Willen demütig zu bleiben. Wenn wir so handeln, verbreiten wir Frieden, und wir sind in der Lage, nicht nur uns selbst, sondern auch vielen anderen Menschen zu helfen. Wahre Demut ist ein Geschenk, das jeder von uns an sein Umfeld und seine Generation weitergeben kann.

In der heutigen Welt gibt es ein großes psychologisches Problem, und dieses Problem beeinflusst die Bewohner großer Städte und Metropolen. Dieses Problem hat mit den Millionen von Megabytes an Informationen, die wir jeden Tag erhalten, zu tun, und oft sind diese Informationen widersprüchlich.

Es besteht das Risiko, den Fokus zu verlieren, sein Ziel aus den Augen zu verlieren und sich unter seltsame Einflüsse zu begeben. So etwas nennt man Identitätsverlust.

Das Wort Identität könnte hier auch bedeuten, seine Bestimmung und seine Ziele auch unter sich verändernden Regeln beizubehalten. Diesen Gesichtspunkt könnte man auch Flexibilität nennen. Sie ist bezeichnend für alle erfolgreichen Menschen. Und man braucht biblische Demut dafür.

Ein stolzer Mensch kann nicht flexibel sein. Demut hilft uns, unsere Schwächen und Fehler zu erkennen. Sie ist ein großer Schritt zur Reife. Wenn es die Situation ist, die dich demütigt, dann hast du die falsche Demut. Sie ist die letzte Zuflucht in deiner Situation, und sie bezeugt deine Unabhängigkeit und die Tatsache, dass du noch an dir arbeiten musst.

Wenn wir uns aber selbst entscheiden, uns zu demütigen, weil wir es besser wissen, weiter sehen, selbstsicherer sind, dann nehmen wir freiwillig die Gestalt eines Dieners an, so wie Jesus es tat. Dann werden wir Gnade und Herrlichkeit auf der Erde empfangen.

Achte auf die Tatsache, dass Jesus kein Diener war. Er nahm jedoch die Stellung eines Dieners freiwillig an, er demütigte sich selbst, um andere Menschen zu retten. Von einer solchen Demut reden wir. Du bist kein Diener, aber du nimmst diese Stellung freiwillig an, nur um andere Menschen zu erreichen und ihnen zu helfen. Möge Gott uns dabei helfen!

Falsche Demut ist es, wenn wir eingeschränkt und gezwungen werden, uns unseren Umständen zu unterwerfen, weil wir keine andere Wahl haben. Falsche Demut ist, wenn wir demütig sind und dabei auf unseren persönlichen Vorteil zählen.

Eine gedemütigte Frau ist eine gebrochene Frau. Gebrochenheit ist eine innere Demut. Der Mensch, der im Inneren nicht demütig ist, kann auch äußerlich nicht demütig sein. Die Kriegerprinzessin ist demütig, weil sie Gott ihr Herz hat berühren und verändern lassen. Gebrochenheit vor Gott hilft uns dabei, uns in richtiger Weise zu demütigen. Demut bezeugt, dass wir verstehen, dass unsere Erkenntnis nicht ausreicht und wir bereit sind, zu lernen und an uns arbeiten.

Aber starke, geistlich reife Menschen demütigen sich auch, wenn sie nicht dazu verpflichtet sind. Sie demütigen sich aufgrund dessen, was sie wissen, sie haben eine weite Zukunftsperspektive. Sie demütigen sich, um zunächst einmal günstige Bedingungen für andere und später dann auch für sich selbst zu schaffen.

Hier muss erwähnt werden, dass es Situationen gibt, denen sich die Kriegerprinzessin nicht unterwerfen würde: Sie gibt niemals ihre geistlichen Werte auf. Aber in anderen Bereichen, besonders wenn es um Beziehungen zu anderen Menschen geht, ist sie bereit, den Preis zu zahlen.

Obwohl die eiserne Dame einen Kriegergeist hat, weiß sie sich selbst zu demütigen. Sie handelt selbstsicher und weiß Bescheid. Sie fürchtet sich nicht vor großen Herausforderungen. Sie vertraut Gott total und glaubt an ihre Berufung. Sie sagt sich: „Wenn ich vor diesen Herausforderungen stehe, dann bedeutet das, dass ich über alle erforderlichen Fähigkeiten verfüge und die notwendige Ausdauer habe, um siegreich zu sein." Die eiserne Dame kennt sich selbst und weiß, was sie im Leben will. Sie hat eine Bestimmung, und ihre Bestimmung und ihr Verantwortungsgefühl filtern alles, was ihr geschieht.

### *Zum Nachdenken:*

Wer demütigt wen: Demütigst du deine Umstände oder demütigen deine Umstände dich? Begründe deine Antwort.

### *Die tugendhafte Frau*

Die tugendhafte Frau im 31. Kapitel im Buch der Sprüche inspiriert viele Frauen. Aber sie hätte niemals eine so großartige und tugendhafte Frau werden können, wenn sie nicht den Kriegergeist gehabt hätte. Der Kriegergeist hilft uns, unsere Werte zu verteidigen und zu behalten. Die Kriegerprinzessin ist der tugendhaften Frau ähnlich:

- Sie ist stark.

- Sie ist schön.

- Sie ist fröhlich.

- Sie ist einzigartig.

- Sie hat Geschmack.

- Sie ist eine Strategin.

- Sie ist organisiert.

- Sie ist stabil.

- Sie ist vielseitig.

- Sie ist geschäftstüchtig.

- Sie mag ihren Job.

- Sie hat Sinn für Humor.

- Sie ist sparsam.

- Sie strebt nicht nach billigem Erfolg.

- Sie spricht mit Weisheit.

- Sie ist eine Erfinderin.

- Sie erwartet keine Ernte ohne Saat.

- Sie gibt weisen Rat und Anweisungen.

- Sie beteiligt sich an Wohltätigkeitsdiensten.

- Sie sorgt sich um ihr Haus und um ihre Hausmädchen und Gehilfen.

- Der Segen Gottes liegt auf ihrem Handeln.

- Sie versteht die Prinzipien, mit ihren Kindern richtig umzugehen.

- Sie hat innere und äußere Kraft. Sie hat eine gute Haltung in allen Bereichen ihres Lebens.

- Sie behandelt ihren Mann und ihre Familie freundlich. Sie ehrt sie und hilft ihnen, ihre Berufung zu erfüllen.

- Viele Menschen vertrauen ihr, weil sie auf ihre Gaben und die Gelegenheiten vertraut, die Gott ihr gegeben hat.

- Sie arbeitet mit ihren Händen. Sie arbeitet gern, anstatt von anderen zu leben. Sie schaut optimistisch in die Zukunft.

- Die Tätigkeiten der „Kriegerprinzessin" sind nicht nur auf ihr eigenes Zuhause beschränkt. Sie ist wie ein Handelsschiff. Sie bringt ihr Brot von weit her.

- Weil die Kriegerprinzessin sich streng an ihre Prinzipien hält, ist sie freundlich und tut den Menschen Gutes anstatt Böses, alle Tage ihres Lebens.

- Sie ist gerecht, aber gleichzeitig barmherzig.

Die Kriegerprinzessin hat viele verschiedene Eigenschaften, und das macht sie zu einer Ermutigung für viele Menschen. Die Kriegerprinzessin ist eine Frau mit den richtigen Lebensprinzipien. Es ist nicht grausam, wenn eine Frau fest für die Wahrheit einsteht. Im Gegenteil, Grausamkeit zeigt sich dort, wo es keine Weisheit, keine Erkenntnis und keine Zuversicht gibt, um für die Wahrheit einzustehen.

Mit selbstsicheren Menschen hat jeder gern Umgang. Die Kriegerprinzessin ist ein solcher Mensch. Sie handelt mit Autorität und Selbstsicherheit. Sie herrscht über Situationen und Umstände. Dieser Aspekt zieht die Menschen an, was dazu führt, dass sie vielen Menschen helfen kann.

In der Regel fühlen sich schwache Menschen immer von starken Menschen angezogen, und unsichere Menschen von selbstsicheren Menschen. Warum? Der Grund ist einfach. Weil wir alle soziale Wesen sind und unser Leben von der Gesellschaft untrennbar ist, hat die Natur jedem Menschen die Eigenschaft der Induktion gegeben, das ist die Fähigkeit, die Gefühle und das

Befinden der Menschen, mit denen wir zu tun haben, wahrzunehmen.

Wenn wir Angst haben, wird auch unser Partner diese Angst zu empfinden beginnen. Wenn wir in einem Bereich unsicher sind, werden die uns nahestehenden Menschen dasselbe empfinden. Weil das als nicht sehr angenehm empfunden wird, versuchen sie mit Menschen zu kommunizieren, die selbstsicher sind, sodass sie sich besser fühlen können. Menschen sind gern mit den Menschen zusammen, die eine Quelle guter Emotionen sind.

Die Kriegerprinzessin ist eine starke und selbstbewusste Frau. Einer ihrer Dienste ist es, anderen zu helfen, so zu werden wie sie. Der Herr und der Schöpfer der Kriegerprinzessin ist der Gott allen Lebendigen, der Mann des Krieges, der sie lenkt und zu kämpfen lehrt.

### Zum Nachdenken:

Wie entfaltest du deine positiven Eigenschaften? Begründe deine Antwort.

### Die Kriegerkönigin

Die meisten Frauen haben organisatorische und administrative Fähigkeiten, aber sie entwickeln sie nicht weiter, weil ihnen der Kriegergeist fehlt. Der Kriegergeist ist notwendig, um den Schwierigkeiten zu widerstehen und sie dann auf dem Weg zum Erfolg zu überwinden.

In der biblischen Geschichte über Maria Magdalena und die anderen Frauen, die Jesus nachgefolgt sind, sehen wir, dass Gott den Frauen geboten hat, Träger der neuen Nachricht über die Rettung und das Reich Gottes zu sein und diese zu verbreiten. Aber um diesen Auftrag erfüllen zu können, müssen wir den Kriegergeist haben.

Der Kriegergeist in uns wird aktiviert, wenn unsere Motivation in Einklang ist mit unserer Hingabe an Gott, indem wir richtig verstehen, wer Gott ist. Der Kriegergeist hilft uns dabei, unsere Träume aufrechtzuerhalten und gerechte Früchte hervorzubringen.

Esther, die Königin, und ein Jude nahmen ein Risiko auf sich, befreiten durch den Glauben ihr ganzes Volk und schrieben dadurch Geschichte. Sie zeigte auch den Charakter einer eisernen Lady und einer Kriegerprinzessin, als sie sagte: „Und wenn ich sterbe, dann sterbe ich" und weitermachte (Esther Kapitel 4 – 8).

Manchmal wird es im Leben einer Kriegerprinzessin eine Zeit geben, in der sie bereit sein wird, alles zu geben was sie hat. Dann kann sie in ungewöhnlicher Weise handeln und Dinge tun, die sie noch nie zuvor getan hat. Esther ging nicht zum König, weil sie stolz war oder ihren persönlichen Vorteil gesucht hätte. Sie tat es für andere, für die Verfolgten, und Gott war ihr wohlgefällig.

Gott rechtfertigt immer diejenigen, die sich an seine Prinzipien halten. Esther, die Kriegerkönigin, empfing die Gnade Gottes. Der Herr gab ihr Gunst vor dem König, und Gott rettete eine Nation durch sie.

Zunächst glaubte Esther nicht, dass sie gewinnen könnte. Sie hatte Angst und sie versuchte, alle möglichen Entschuldigungen zu finden, um ihre Herausforderungen zu umgehen. Mordechai half ihr zu verstehen, wie gefährlich es war, nicht zu handeln. Und als Esther verstand, dass auch ihr Leben in Gefahr war, verstand sie, welche Rolle sie spielte und den Grund, warum Gott sie dorthin gestellt hatte, wo sie war. Sie gab Gott alles, was sie hatte und war bereit, alles um des Herrn Willen zu verlieren. Und auch hier wieder offenbarte sich die Treue Gottes. Der Herr rettete sie, und weil der Kriegergeist in ihr aktiv war, rettete er auch andere Menschen.

Es ist wichtig, hier zu erwähnen, dass Esther ihren Krieg geschickt führte, sie hatte einen Plan. Sie beherrschte ihre Gefühle und offenbarte ihre Wünsche dem König nicht sofort, obwohl ihr der König sehr wohlgesonnen war. Esther lud nur den König und

Haman zu einem Bankett ein. Sie sagte nichts, bis die richtige Zeit kam, die Zeit als Gott den Feind verdammte und seinem Volk den Sieg gab.

Wir sollten auch eine Kriegsstrategie haben, und wir sollten in der Lage sein, Geheimnisse zu bewahren bis der richtige Zeitpunkt gekommen ist.

Jede Frau hat eine bestimmte Berufung von Gott, und die Kriegerprinzessin lehnt diese nicht ab. Sie hat verstanden, dass es für sie eine himmlische Vision gibt, und mit himmlischer Hilfe wird sie ihren Schöpfer nicht im Stich lassen.

Wenn eine Frau nicht kämpft, macht sie sich auf diese Weise zum Gefangenen des Feindes und lässt sich von den Umständen treiben.

Ein Mädchen mit einem Kriegergeist lehnt auch die himmlische Vision in Bezug auf ihre Eltern nicht ab. Sie tut ihr Bestes, um sich gut zu benehmen und Gutes zu tun.

Auch ein Mädchen im Teenageralter mit einem Kriegergeist lehnt die himmlische Vision nicht ab. Sie versucht ihr Bestes, sie ist vorsichtig, hält sich rein und strebt nach dem Höchsten, das sie in ihrem Alter erreichen kann.

Die Kriegerfrau lehnte die himmlische Vision nicht ab; sie spiegelt wohin sie auch geht das Licht wider, sie verbreitet Wärme und Gottes Gerechtigkeit durch die richtigen Worte und Taten. Das unterscheidet sie von naiven Frauen.

Ruth, die Moabiterin, glaubte an den lebendigen Gott, verließ die Götter ihrer Vorfahren und folgte Naomi, ihrer Schwiegermutter, nach Israel. Sie zeigte auch einen Kriegergeist als sie erklärte:

*„Dringe nicht in mich, dich zu verlassen……. Dein Volk ist mein Volk, und dein Gott ist mein Gott. - nur der Tod soll mich und dich scheiden.“*

(Ruth 1:16-18).

Ruth traf eine feste Entscheidung, und andere hörten auf, sie zum Aufgeben zu überreden. Auf diese Weise ging sie in den Stammbaum unseres Herrn und Erlösers Jesus Christus ein.

Jede Frau ist eine Tochter Gottes, eine Prinzessin! Und sie muss lernen, feste Entscheidungen zu treffen und sich entsprechend zu verhalten.

### *Zum Nachdenken:*

Kann die Prinzessin in dir eine Kriegerin werden?

Begründe deine Antwort.

### *Gebet*

*Lieber himmlischer Vater, danke dafür, dass du mich immer hörst. Hilf mir, immer demütig zu sein, dir zu gehorchen und Gnade zu empfangen, um zu dem Menschen zu werden, zu dem ich von Geburt an bestimmt war. Mache mich zu einer Kriegerprinzessin zu deiner Herrlichkeit im Namen des Vaters, des Sohnes und des Heiligen Geistes. Amen.*

## Kapitel 5

# Die höchste Autorität der eisernen Lady

Eine starke Frau hat immer eine gute Beziehung zur höchsten Autorität. Sie hat verstanden, dass sie nicht alleine ist. Weil die Herausforderungen in ihrem Leben immer größer werden als sie sie alleine zu bewältigen vermag, benötigt sie oft Hilfe von oben. Sie braucht eine solche Autorität, wie David sie in Psalm 19 bezeugt.

Gott, der die höchste Macht und Autorität der eisernen Lady ist, streckt von oben seine Hand aus, um seiner Schöpfung zu helfen und sie, seine Tochter, seine Prinzessin, zu befreien. Er befreit sie von ihren starken, furchtbaren Feinden. Der Herr ist ihre Unterstützung, weil sie gern für ihre Generation einsteht. Gott gießt seine Gunst über sie aus. Er segnet sie gemäß ihrer Wahrhaftigkeit und Reinheit ihrer Hände. Gott erleuchtet ihren Weg, er ist ihr Schutz und ihre Stärke. Er führt sie auf dem richtigen Weg und lehrt sie zu kämpfen. Er ist ihr Schild, ihre Unterstützung und ihre Erlösung. Die Hand Gottes unterstützt sie, und die Gnade Gottes erhebt sie.

Sie ist rein, ehrlich, makellos und gerecht vor Gott. Sie ist unerschütterlich, sie achtet auf Gottes Wege, sie wendet sich nicht von Gottes Geboten ab, und sie weiß ihren Schöpfer zu verherrlichen. Sie erinnert sich immer an die Gebote Gottes und sie ist vorsichtig, damit sie nicht vor Gott in Sünde fällt.

Die Kriegerfrau sieht das Land Kanaan (das Land Kanaan ist ein Symbol für das verheißene Land, für ein sinnvolles Leben) und tritt darin ein, sie fürchtet keinen Widerstand. Sie ist stark, weil der Heilige Geist in ihr wohnt. Sie ist stark, weil in ihr etwas Unbesiegbares lebt.

Die Kriegerfrau ist so wie Jesus die Löwin im Stamme Judah, weil der Löwe von Judah in ihr lebt. Sie kann nicht anders als zu kämpfen, denn der Löwe kämpft durch sie. Die Stärke des Löwen in ihrem Inneren lässt es nicht zu, dass sie den Dingen, die um sie herum geschehen, gleichgültig gegenübersteht. Lass also nicht zu, dass die Furcht dich abhält, lass den Löwen vom Stamme Judah durch dich handeln. Die Kriegerfrau, die eiserne Lady, verändert die Geschichte. Auch du kannst eine werden.

Es ist unmöglich, einflussreich zu sein und zu einer Frau von Würde und Integrität zu werden, ohne zu wissen, wie man kämpft und mit Hilfe der Worte Jesu Christi an Stärke gewinnt. Wir müssen unsere Oase an Freude, Frieden, Hoffnung und Stärke in dieser chaotischen Welt bewahren und schützen können. Die höchste Autorität hilft uns dabei.

### *Zum Nachdenken:*

Wer ist die höchste Autorität in deinem Leben, und wie ist deine Beziehung zu ihm? Begründe deine Antwort.

### *Eine Kriegerfrau oder eine problematische Frau*

Wir führen unseren Krieg durch Glauben. Dieser Krieg geschieht nicht, indem man sich schlägt, es ist ein Krieg des Glaubens.

Eine Frau kann kämpfen, und oft bekommen das die Menschen in ihrem Umfeld nicht einmal mit. Sie ist nicht anstößig; sie ist nicht problematisch, denn sie kämpft nicht gegen Menschen. Sie kämpft gegen die geistlichen Mächte des Bösen in den himmlischen Orten, die den Geist der Menschen verwirren und sie dazu bringen, sich unweise zu verhalten. Die geistlichen Mächte des Bösen in den himmlischen Orten beeinflussen die Menschen und manifestieren sich durch sie.

In genau derselben Weise möchte auch Gott seine Kraft durch uns, seine Schöpfung, offenbaren. Der Teufel erhebt Anspruch auf Gottes Stellung in unserem Leben, er hat aber kein Recht über uns. Er ahmt Gott oft nach. Er sucht nach Menschen, die ihre

Rechte und ihre Stellung als Geschöpf Gottes nicht kennen, und er spielt mit ihrer Gleichgültigkeit. Es geschieht sogar, dass einige Menschen, obwohl sie Gottes Wahrheit über sich kennen, trotzdem ins Zweifeln geraten, wenn sie vom Teufel versucht werden. Solche Menschen werden schließlich zu Opfern der Werkzeuge Satans.

Es ist nicht gut, wenn ein Mensch seine Rechte kennt und weiß, wie Gott über ihn denkt, dies aber nicht einsetzt, um sich zu schützen und zu verteidigen. Wir sollten unsere Rechte nicht nur kennen, sondern auch entsprechend leben. Einen Menschen, der seine Rechte kennt, aber leichtfertig damit umgeht, fürchtet der Teufel nicht. Er ist eine leichte Beute für ihn, und der Teufel kann mit ihm machen, was er will.

Wir können den Teufel mit unseren physischen Augen nicht sehen, wir können nur seine Werke und Manifestationen sehen. Der Teufel wirkt durch Menschen. Manchmal erscheint der Kampf mit dem Teufel wie ein Kampf mit einem Menschen. In Wirklichkeit müssen wir zwischen Menschen und dem Teufel unterscheiden, der sich durch diese Menschen offenbart. Wir sollten nicht schlecht reden, streiten, Anstoß erregen oder problematische und konfliktgeladene Situationen schaffen.

Eines der Prinzipien, um ein erfolgreicher Geschäftsmann zu werden, ist es, jeden als potenziellen Klienten, Partner und Kunden zu sehen. Es könnte sein, dass dir ein Mensch heute im Weg steht, aber morgen dein Erfolg und dein Schicksal von ihm abhängen könnten.

Konflikte, Skandale und emotionale Überreaktionen sind schlechte Gewohnheiten, von denen wir uns in unserem Leben befreien müssen. Natürlich müssen wir von Zeit zu Zeit Herausforderungen annehmen und für das einstehen, an das wir glauben, aber im allgemeinen müssen wir, um mit

Konfliktsituationen erfolgreich umgehen zu können, die Regeln effektiver Kommunikation lernen:

- Werde nicht laut.

- Halte deine Emotionen unter Kontrolle.

- Benutze folgerichtige Argumente, anstatt den anderen zu kommandieren.

- Drücke Einwände und Absagen in höflicher Weise aus.

- Bringe deine Forderungen als Vorschläge zum Ausdruck.

- Beginne erst dann zu kritisieren, wenn du mindestens zwei positive Punkte genannt hast.

- Widerspreche mit „Ja, und…", anstatt mit „Ja, aber…"

Häufige Konflikte zerstören deine Beziehungen nur, was leicht dazu führen kann, dass du einsam wirst und dich von anderen isolierst.

Unser Kampf gegen den Teufel ist eine Sache der Prinzipien. Der Kampf gegen den Teufel ist ein Kampf mit der Hilfe von Prinzipien. Die Menschen um uns herum bemerken diesen Kampf vielleicht nicht, weil nach außen hin alles bei dir gut aussieht. Und obwohl du mit dem Teufel Krieg führst, musst du dennoch nicht deine Weiblichkeit verlieren. Schritt für Schritt und nach und nach gewinnst du dein Territorium vom Teufel zurück.

Unsere Rettung liegt im Glauben, den wir an das Wort Gottes haben, und in dem Glauben an die Zukunft, die Gott für uns hat. Wenn wir Zeit mit Gott verbringen, ruhen wir uns in seiner Gegenwart aus. Wir bekommen Kraft und erfreuen uns an seiner Gegenwart, prophezeien für unser Leben und das Leben unserer Kinder und Angehörigen. Aber wenn wir sehen, wie sich der Teufel manifestiert, auf welche Weise auch immer, werden wir wild und räumen ihm keinen Platz und keine Chance ein.

*Zum Nachdenken:*

Ist es möglich, feminin zu sein und gleichzeitig eine Kämpferin? Begründe deine Antwort.

### Und ich werde Feindschaft setzen zwischen....

Nach dem Sündenfall unserer Vorväter kam Gott, um sie zu richten, und als er zur Schlange sprach sagte er:

*Und ich werde Feindschaft setzen zwischen dir und der Frau....*

1.Mose 3:15

In diesem Abschnitt wird die Erwartung Gottes an die Frau deutlicher. Gott erwartet von ihr, dass sie stark ist und zu jeder Zeit in der Lage ist zu kämpfen. Gott selbst erklärte einen Krieg zwischen der Schlange und der Frau. Gott möchte, dass die Frau in Feindschaft mit dem Bösen, der Täuschung, dem Ungehorsam und der zunehmenden Gesetzlosigkeit lebt.

Feindschaft bedeutet, dass all die Dinge, die der Teufel uns vorschlägt, nicht attraktiv für uns sind, im Gegenteil, wir sollen negativ darauf reagieren. Wir stehen diesen Dingen nicht gleichgültig gegenüber, sondern wir handeln dagegen. Wir fühlen uns von den teuflischen Machenschaften nicht angezogen, sondern führen Krieg gegen diese.

Feindschaft bedeutet zu wissen, dass wir Satan niemals Glauben schenken sollten und wir uns gegen seine Aktionen und Vorschläge stellen. Eine weise Frau Gottes würde niemals darüber nachdenken, auf seine Vorschläge einzugehen, sie würde niemals irgendetwas empfangen wollen, das vom Vater aller Lüge kommt. Und ich sage dir, das ist eine große Freiheit!

Gott setzte Feindschaft zwischen die Frau und die Schlange und brachte uns auf diese Weise in einen ständigen Kriegszustand.

Dieser Krieg bringt uns Freude, denn Jesus lässt uns seinen Sieg spüren!

Damit wir einen jeden Kampf gewinnen können, müssen wir unseren Feind kennen, wir müssen seine Eigenschaften kennen, wissen wir er vorgeht, um seine Lügen aufdecken zu können. Glaube niemals den Lügen des Teufels hinsichtlich eines niedrigen Selbstwertgefühls, falscher Demut, Konkurrenzkampf zwischen Frauen und übertriebenem Modebewusstsein. Wir sind in der Lage, jede schwierige Situation zu überwinden.

Die Mode kann für eine Frau zu einer Quelle ständiger Ablenkung werden. Es gibt zwei Phänomene, die mit dem Kauf von Kleidung zusammenhängen, und meist betrifft das die Frauen. Es ist die Kaufsucht und die Kauftherapie.

Wenn eine Person etwas zum persönlichen Gebrauch einkauft, wird eine große Menge des Glückshormons Endorphin ins Blut ausgeschüttet. Das kann in depressiven Phasen eine Hilfe sein, weil es Depressionen lindert. Es ist jedoch eine vorübergehende Erleichterung. Probleme werden nicht gelöst, Ursachen nicht beseitigt, und schließlich bleibt die Situation dieselbe.

Ganz gewiss ist der Wunsch nach äußerer Schönheit absolut normal, allerdings nur innerhalb eines normalen Rahmens. Meist sind die Frauen kaufsüchtig, die unerfüllt und unzufrieden sind und nicht in ihrer Bestimmung leben. Sie versuchen, ihre inneren Probleme zu lösen, indem sie äußere Faktoren und ihr Erscheinungsbild verändern.

Eine Frau, die um ihre Berufung weiß, wird niemals versuchen, innere Probleme zu lösen, indem sie ihr äußeres Erscheinungsbild verändert. Versuche nicht, deine innere Welt mit äußeren Mitteln zu beeinflussen. Verändere zunächst deine innere Welt, dann werden die äußeren Faktoren und dein Erscheinungsbild diesem Beispiel folgen.

Gott sagte: „Ich setze Feindschaft zwischen…" und das tat er. Er ist der Urheber des Kriegergeistes im Inneren der Frauen! Es war Gott, der die Feindschaft zwischen uns setzte. Bitte achte auf die Tatsache, dass Gott diese Feindschaft zwischen die Schlange und Adam hätte setzen können, aber das tat er nicht. Er setzte die Feindschaft zwischen die Schlange und Eva, um zu zeigen, dass sie in der Lage ist zu kämpfen. Eva musste nicht ständig zu Adam laufen, um sich helfen zu lassen.

Das System dieser Welt und das System des Reiches Gottes sind völlig unterschiedlich. Die Schlange steht für das System der Welt und die Frau stellt einen Teil von dem dar, was Gott auf der Erde tun möchte. Wir sind Frauen Gottes und wir unterscheiden uns von denen in der Welt, die nicht um ihre Stellung und Autorität in Gott wissen. Weil wir das wissen sind wir nicht schwach, sondern zugerüstet, stark und Kämpferinnen im Heiligen Geist.

Wir müssen einen Kriegergeist haben!!!

Der Teufel in Gestalt einer Schlange fand Frieden und traf eine Vereinbarung mit der Frau im Garten Eden, was zum Fall unserer Vorväter führte. Aber jetzt hat die Frau eine Wahl. Sie kann sich einem guten Gott oder aber einem bösen Teufel hingeben.

Gott, der die Schlange verurteilte, sagte: „Das war's. So wird es nicht weitergehen". Gott hatte es nicht so geplant, dass die Frau mit dem Teufel übereinstimmt. Gott hatte nicht erwartet, dass die Frau Frieden mit dem Teufel finden würde. Er stand für sie ein, um sie zu verteidigen und hielt Gericht über den Feind der Menschheit. Er legte das Verlangen in das Herz der Frau, gegen das Böse zu kämpfen, gegen Abtreibung, gegen Prostitution, niedriges Selbstwertgefühl und gegen eine jegliche schlechte Lebensweise. Er ist also nicht dagegen, dass die Frau sich in den Krieg begibt und daran wächst. Er ist nicht dagegen, dass sie sich kühn gegen den Teufel stellt. Er ist nicht dagegen, dass sie für sich und ihre Generation einsteht.

Ihr Frauen, ihr wunderschönen Frauen, steht auf, um Gottes Ruf zu hören!

Gott hat bereits Feindschaft zwischen dir und den Teufel gesetzt, worauf wartest du also noch? Warum bist du immer noch träge? Geh voran, Gott ist für dich! Er ist auf deiner Seite. Er wird dich niemals im Stich lassen, weil er selbst Feindschaft zwischen dir und das Böse gesetzt hat. Du bist zum Sieg bestimmt!

### Zum Nachdenken:

Wie verstehst du die Aussage: „Gott ist der Urheber deines Kampfes?" Begründe deine Antwort.

### Der Krieg geht weiter

Die Schrift spricht auch von der Feindschaft zwischen dem Samen der Frau und dem Samen der Schlange. Gott setzte nicht nur Feindschaft zwischen die Frau und die Schlange, sondern auch zwischen deren Samen. Gott möchte, dass die Frau diesen kriegerischen Geist an ihre Generation weitergibt. Er möchte, dass die Frau sich nicht nur gegen das Böse erhebt, sondern dass auch all ihr Samen gegen das Böse kämpft. Das bedeutet, dass die Frau eine Verantwortung vor Gott hat, um ihrer Generation von Gottes Gedanken und Anweisungen weiterzusagen.

Der Same der Frau ist dazu aufgerufen, den Kopf der Schlange zu zertreten. Dann wird die Schlange ihr nicht in die Ferse stechen können, weil die Frau und ihr Same mit dem Blut Christi geschützt sind. Sie wurden erlöst, und das Böse kann sie nicht antasten.

Wenn eine Frau versteht, dass dieser Krieg lange Zeit andauern wird, wird sie ihr Leben auf andere Weise leben und ihre Einstellung wird eine andere sein. Sie wird verantwortungsbewusster sein, sich selbst und ihrer zukünftigen Generation gegenüber.

Liebe Frauen, uns wurde eine große Verantwortung übertragen. Wir müssen unsere Gesellschaft vom Bösen befreien. Lasst uns unseren Krieg führen, dort wo wir sind. Wenn wir nicht aufhören zu kämpfen, dann können wir sicher sein, dass wir siegen werden, weil Gott für uns und nicht gegen uns ist!

Wenn wir das verstanden haben, können wir selbst Feindschaft zwischen unsere Kinder und den Geist dieser Welt setzen, zwischen unsere Ehemänner und den Geist des Alkoholismus, um nur einige Beispiele zu nennen. Wenn wir sehen, wie das Böse diese Welt beeinflusst, dann sehen wir nicht darüber hinweg, wir verschließen davor nicht die Augen und ignorieren es nicht. Dort wo wir sind ist kein Platz für den Teufel!

Unsere wichtigste Pflicht ist es, mit Wachsamkeit zu kämpfen, damit die Unmoral dieser Welt für uns nicht zur Normalität wird.

Wir müssen unsere Generation auch lehren, so zu kämpfen wie Gott es uns gelehrt hat. Sogar unsere Kinder können zu Kämpfern werden und siegen. Sie tragen einen Kämpfersamen in sich, den Gott bereits in sie hineingelegt hat. Kinder bitten ihre Eltern selten nur einmal um etwas; sie bitten so lange, bis sie bekommen, was sie haben wollen. Wir müssen sie lehren, genauso mit dem Teufel umzugehen. Sie müssen beharrlich gegen ihn kämpfen bis der Krieg gewonnen ist. Sie müssen ihr Recht kennen, dann werden sie Gottes Wahrheit verteidigen und der Schlange den Kopf zertreten können.

Wir und unsere Kinder werden vor dem Herrn groß sein und zu Überwindern des Bösen. Wir werden Gott loben und seine Herrlichkeit an den Ort bringen, an den er uns gestellt hat. Wir sind hier auf der Erde, um diese Welt zu reformieren und nicht, um uns ihr anzupassen. Wir können sie positiv beeinflussen und die Wahrheit in ihr verankern.

In Psalm 127:4 werden Kinder mit Pfeilen in den Händen eines starken Mannes, eines Kriegers, verglichen. Wir sind zusammen mit unseren Kindern besonders gefährlich für den Feind. Wir müssen unsere Kinder wertschätzen und sie lehren, von einem sehr frühen Alter an zu kämpfen. Wir versuchen, Kinder mit Worten zu lehren. Sie können jedoch nur sieben Prozent der gesprochenen Worte und Informationen aufnehmen. Sie lernen vor allem durch Nachahmung. Das ist der Grund, warum sie immer das tun werden, was wir tun, egal was wir sie lehren.

Bevor wir Kinder lehren, wie sie finanziell unabhängig, gehorsam, ehrlich und ordentlich werden können, müssen wir zunächst daran denken, dass wir ihnen in diesen Dingen ein Vorbild sein sollten. Wenn es dein Ziel ist, starke und selbstbewusste Kinder zu erziehen, dann kannst du dies nur tun, indem du selbst genauso wirst. Kinder brauchen starke Eltern – eine starke Mutter und einen starken Vater – nur in einer solchen Atmosphäre können sie zu Pfeilen werden.

Die Kriegerprinzessin ist stark im Geist. Sie ist in der Lage, Umstände und Situationen anders zu sehen als es andere tun. Sie redet ständig mit Gott und handelt nach seinen Anweisungen. Sie lebt integer und begibt sich nicht unter ihre Würde. Sie ist einzigartig und strebt nicht danach, anderen Menschen ähnlich zu sein. Sie weiß, dass eine besondere Berufung auf ihrem Leben liegt, und dass Gott sie in bestimmter Weise führt. Der Einfluss der übermächtigen Sünde um sie herum macht ihr keine Angst, sie glaubt daran, dass sie ihren Beitrag leisten kann und erfüllt ihren Auftrag selbstbewusst. Sie hat einen direkten Zugang zu Gott.

Wenn wir eine klare Entscheidung treffen, uns den Umständen nicht zu beugen, die sich uns entgegenstellen, dann werden uns diese Umstände nicht länger dazu drängen aufzugeben. Sie werden unsere Entschlossenheit, Hingabe und Beharrlichkeit sehen und sie werden sich verändern.

### *Zum Nachdenken*

Welche Rolle spielen deine Kinder in diesem Kampf?

Begründe deine Antwort.

### *Gebet*

*Lieber Himmlischer Vater, ich nehme dich als meine höchste Autorität an. Ich werde alles tun, was du mir zu tun aufträgst. Ich glaube daran, dass du mich zu kämpfen lehrst. Ich lege dir meine Kinder hin und bitte dich, auch sie das Kämpfen zu lehren. Danke, dass du mein Gebet erhörst, im Namen des Vaters, des Sohnes und des Heiligen Geistes. Amen*

**Kapitel 6**

# Der Drachen und die Frau

Gott gab dem Apostel Johannes im Buch der Offenbarung 12:4-17 eine Vision über einen Drachen und eine Frau.

*„ ...Und der Drache stand vor der Frau, die im Begriff war, zu gebären, um, wenn sie geboren hätte, ihr Kind zu verschlingen.".*

Wir sehen, dass der Drachen dem Samen der Frau nachgejagt hat, und als er ihn nicht an sich reißen konnte, entschied er, die Frau zu verfolgen; die Mutter und Trägerin des Samens.

Die Frau kann nicht anders als zu kämpfen; sie muss kämpfen, weil der Teufel einen fertigen Plan hat, ihre Kinder zu zerstören. Sogar die Ungeborenen will er zerstören, ganz zu schweigen von denen, die bereits geboren wurden. Der Teufel stand in der Nähe der Frau, weil er ihren Sohn gleich nach der Geburt töten wollte. Er stand nicht weit abseits von der Frau, sondern so nahe er konnte – er wollte nicht den richtigen Augenblick verpassen.

Diese Offenbarung zeigt uns, wie wichtig unser Kampf gegen den Teufel ist. Wenn es dem Teufel nicht gleichgültig ist, was in unserem Leben geschieht, wenn er den Kampf mit uns nicht fürchtet und sich nicht dafür schämt, dann sollten wir uns erst recht nicht fürchten, uns schämen oder seinem Tun gleichgültig gegenüberstehen.

Manchmal verstehen wir nicht, warum wir verschiedene Probleme haben, und woher diese Probleme in unser Leben kommen. Wir haben diese Probleme oft nicht nur deshalb, weil der Teufel sauer auf uns und auf das was wir tun ist, sondern auch auf das, was unser Same tut oder tun kann. Er weiß, dass er unseren Samen nicht aufhalten kann, und aus seiner Frustration heraus gießt er seinen Ärger über die Frauen aus. Satan wird in unserem Leben jedoch gänzlich zuschanden werden.

Gott wird eine Kriegerprinzessin stets schützen. Er ist immer bei ihr. Im Buch der Offenbarung 12:5 steht geschrieben:

*Und sie gebar einen Sohn, ein männliches Kind, der alle Nationen hüten soll mit eisernem Stab; und ihr Kind wurde entrückt zu Gott und zu seinem Thron.*

Als der Teufel vor der Frau stand, glaubte er, sein Plan sei so gut wie sicher. Er glaubte, es gäbe keinen Fluchtweg für die Frau und ihren Samen. Er war sich sicher, die Neugeborenen der Frau zu zerstören und ihr einen großen Schlag versetzen zu können. Aber Gott hat wie immer unzählige und vielseitige Möglichkeiten, um uns aus der Hand des Feindes zu retten.

Sobald der Sohn geboren war, brachte Gott ihn in den Himmel. Nicht der Teufel, sondern die Engel Gottes brachten das Kind zu Gottes Thron. Gott nimmt noch immer unsere Kinder zu sich. Der Herr nimmt sie auf, bewahrt und beschützt sie vor den Plänen des Teufels. Gott hat seinen Gegenplan für jeden teuflischen Plan, der gegen uns gerichtet ist. Gott hat für jede teuflische Attacke einen Plan, um darauf entsprechend zu reagieren und diese zunichte zu machen. Gott ist mit uns, seine Kraft ist mit uns.

Wir haben einen ewigen Bund mit ihm. Deshalb werden unsere Kinder dem Bösen entzogen, so wie die Gerechten dem Bösen entzogen werden. Wir und unsere Kinder sind mehr als Eroberer. Unser Kampf ist der Kampf des Herrn, und Engel sind Teil unserer Armee, sie kämpfen mit uns zusammen. Sie schlagen Satan um unseretwillen nieder und erlangen den Sieg für uns.

Gott sorgte nicht nur für den Sohn der Frau. Er zeigte seine Liebe und Fürsorge auch der Frau. In der Wüste bereitete Gott einen Platz für sie. Gott hat immer einen Platz, eine Zukunft, eine

Berufung und Glück für jede Frau, die ihm folgt und gegen das Böse kämpft, bereit.

Im Buch der Offenbarung sehen wir, wie der Teufel ständig gegen uns und unseren Samen kämpft. Er strebt immer danach, uns zu zerstören. Aber das ist nur eine Seite der Medaille. Wir müssen die andere Seite genauso sehen, denn Gott schützt uns zu jeder Zeit. Es ist wichtig, immer diese zwei Seiten zu sehen, um das Gleichgewicht zu halten und zu Überwindern zu werden.

Kämpfe vertrauensvoll und sei dir sicher:

*Keiner Waffe, die gegen dich geschmiedet wird, soll es gelingen; und jede Zunge, die vor Gericht gegen dich aufsteht, wirst du schuldig sprechen. Das ist das Erbteil der Knechte des HERRN und ihre Gerechtigkeit von mir her, spricht der HERR.*

Jesaja 54:17

Es ist wichtig anzumerken, dass der Teufel nicht mit jedem auf gleiche Weise kämpft. Er ist sehr raffiniert und er verschwendet seine Macht nicht zum Spaß. Er kämpft gegen

*...welche die Gebote Gottes halten und das Zeugnis Jesu haben.*

Offenbarung 12:17

Er kämpft gegen Menschen mit einer Perspektive; gegen die besten und wertvollsten Menschen. Der Teufel kämpft gegen die Menschen, die den majestätischen Samen in sich tragen. Er versucht, sie davon zu überzeugen, dass sie Verlierer und ein Niemand sind, obwohl sie in Wirklichkeit sehr viel wert sind.

Der Teufel kämpft gegen uns, weil er uns davon abhalten will, Gottes Gebote zu halten, so dass wir für andere kein Zeugnis mehr sind.

Die Frau kämpft, um für das einzustehen, an das sie glaubt, die Gebote des Herrn einzuhalten und ein Zeugnis für unseren Herrn Jesus Christus zu sein.

Unser Leben besteht nicht nur aus glücklichen Momenten. Nicht immer läuft alles glatt im Leben. Gott sagt, dass wir in diesem Leben auch in Schwierigkeiten geraten werden. Wenn wir darin Gott suchen, hilft er uns, diese Probleme zu überwinden und sie uns zum Besten dienen zu lassen.

Im Buch des Propheten Jesaja steht geschrieben:

*Hast du es nicht erkannt, oder hast du es nicht gehört? Ein ewiger Gott ist der HERR, der Schöpfer der Enden der Erde. Er ermüdet nicht und ermattet nicht, unergründlich ist seine Einsicht. Er gibt dem Müden Kraft und dem Ohnmächtigen mehrt er die Stärke.*

Jesaja 40:28,29

Es ist wichtig zu bedenken, dass die meisten Menschen dieser Welt so leben wie sie wollen und deshalb in das Netz des Teufels geraten. Weil sie so leben, geraten sie mehr und mehr in Probleme. Aber wenn Menschen mit und für Gott leben, lehrt er sie, was sie tun sollen, damit sie zu Überwindern und nicht zum Opfer ihrer Probleme werden.

In der Bibel steht mehr als 360 mal geschrieben, dass wir uns keine Sorgen machen und uns nicht vor dem nicht fürchten sollen, was morgen geschieht. Wir sollten uns nicht vor unseren Problemen fürchten, weil wir einen Gott haben, der für uns sorgt.

Gott verfügt über Weisheit, die in allen Lebensbereichen angewendet werden kann, weil er ewig ist. Wenn Probleme in unser Leben kommen, wie z.B. in der Familie, sagt Gott: „Ich habe deine Familie geschaffen, und ich werde dich nicht verlassen."

In allen Lebensbereichen hilft Gott uns, richtige Entscheidungen zu treffen, weil er das Alpha und das Omega ist, der Anfang und das Ende. Er kann mit nichts und niemandem verglichen werden. Er ist einzigartig.

Es kann geschehen, dass wir müde werden oder kurz davor sind aufzugeben. In der Bibel steht, dass der Gott, dem wir dienen, niemals müde wird und dass er seine Gnade immer über uns ausgießt. Gott lebt in uns und schenkt uns Weisheit, Geduld und Kraft. Er ist immer mit uns, er lässt uns niemals im Stich. In der Bibel steht geschrieben, dass die Kraft derer, die dem Herrn vertrauen, erneuert werden wird und sie niemals zuschanden werden.

Ein weiser Mensch vertraut auf den Herrn. Wir brauchen eine frische Salbung, damit unsere Kraft erneuert werden kann, und diese können wir nur in Gott finden. Er ist in der Lage, die Liebe zwischen Ehepartnern zu erneuern und einer Tochter Demut zu geben für die Beziehung zu ihren Eltern. In der Bibel steht geschrieben, dass wer aus Gott geboren ist, die Welt schon überwunden hat (1. Johannes 4:4)

Wir stehen unter dem übernatürlichen Schutz unseres Himmlischen Vaters. Wenn wir mit ihm leben und ihn kennen, schützt der Gott, der in uns lebt, das was uns wichtig ist. Für ihn ist kein Ding unmöglich, und er kann all unsere Probleme lösen.

Wir gehören nicht zu den Zweiflern. Wir überwinden nur, weil Gott uns in unserem Kampf lenkt, und es nicht „durch Macht und Stärke, sondern durch seinen Geist" geschieht. Sein Geist ist in uns und mit uns! Jede Frau kann durch die Worte Jesu Christi Macht haben!

***Zum Nachdenken:***

Wie solltest du reagieren, wenn sich der Teufel heftig dem widersetzt, was in deinem Leben an Neuem und Großartigen entstehen soll?

Begründe deine Antwort.

### *Ziehe die ganze Waffenrüstung Gottes an*

Also, meine Kriegerschwestern, seid stark im Herrn und in der Macht seiner Stärke! Zieht die komplette Waffenrüstung Gottes an, damit ihr den Fallen des Teufels widerstehen könnt. Um dem Teufel widerstehen zu können, müssen wir die ganze Waffenrüstung Gottes anziehen und durch seine Macht an Stärke gewinnen. Es ist eine Tatsache, dass Gott uns mit seinen geistlichen Waffen ausrüsten möchte. Unsere Kraft, Stärke und Sicherheit liegen allein in Gott. Nichts und niemand kann ihn in unserem Leben ersetzen. Er gibt uns die nötigen Waffen, um gegen den Feind zu kämpfen.

Im 6. Kapitel des Epheserbriefes spricht der Apostel Paulus von den geistlichen Waffen. Dazu gehören:

- Die Wahrheit

- Der Panzer der Gerechtigkeit

- Die Bereitschaft zu predigen

- Das Schild des Glaubens

- Das geistliche Schwert, welches das Wort Gottes ist

- Beständiges Gebet (Epheser 6:10-18)

Es ist wichtig anzumerken, dass all diese Waffen auf dem Glauben basieren. Glaube spielt eine wichtige Rolle in unserem Kampf. Es ist unmöglich, Gott ohne Glauben zu gefallen. Gott möchte, dass wir im Glauben wachsen, denn ohne Glauben können wir seine Berufung für unser Leben nicht erfüllen. Unser Glaube drückt sich in bestimmten Handlungen aus. Wir können diesen unmöglich mit unseren physischen Augen sehen, weil er geistlicher Natur ist. Der Apostel Paulus nannte es eine feste Zuversicht auf das, was man hofft, und ein Nichtzweifeln an dem, was man nicht sieht (Hebräer 11:1)

Unser Glaube hat ein gewisses Maß und er bestimmt, welche Bedeutung unsere Schritte haben, die wir zu einem jeglichen Zeitpunkt gehen. Glaube ist nicht die Fähigkeit, Dinge mit unseren physischen Sinnen wahrzunehmen, sondern die Fähigkeit, das zu sehen, was wir in der Zukunft erwarten. Glaube gibt unserer Hoffnung Bedeutung, und Jesus Christus gibt uns die Gelegenheit mitzuerleben, wie sich unsere Hoffnung in Herrlichkeit verwandelt. Es ist unmöglich, diese Herrlichkeit in unserem Leben ohne Christus zu sehen.

In der Bibel wird erwähnt, dass Glaube zusammen mit Hoffnung und Liebe das Fundament des Christseins ist. Glaube ist die Triebkraft des menschlichen Lebens. Es ist unmöglich, ohne Glaube das Wesen Gottes zu verstehen. Glaube ist der Beweis für die unsichtbaren und geistlichen Dinge.

Nichtchristen können im allgemeinen an das glauben, was sie sehen und fühlen können. Aber Gott sagt, dass jene gesegnet sind, die glauben können ohne zu sehen. Als Christen betrachten wir das Leben nicht mit unseren physischen Augen, sondern durch unsere geistlichen Augen. Ohne Glauben ist es unmöglich, unsere Welt zu beeinflussen und das Beste aus unserem Potenzial zu machen. Glaube ist das Werkzeug, das wir gebrauchen, um unsere Umwelt zu beeinflussen. Wir müssen Glauben an die Ziele und Pläne haben, die Gott für uns hat.

Jesus war oft von dem mangelnden Glauben seiner Jünger enttäuscht. Wir können das an dem Beispiel sehen, als er den fruchtlosen Feigenbaum verfluchte und dieser nach einer Weile verwelkte. Als Petrus jedoch den verwelkten Baum sah, war er sehr erstaunt. Petrus, einer der treuesten Jünger, zeigte hier seinen Unglauben an die Macht Gottes.

Jesus, der auf Petrus Reaktion einging, sagte:

*Wahrlich, ich sage euch: Wer zu diesem Berge spräche: Heb dich und wirf dich ins Meer!, und zweifelte nicht in seinem Herzen, sondern glaubte, dass geschehen werde, was er sagt, so wird's ihm geschehen*

Markus 11:23

Das Wort Gottes ermahnt uns immer wieder zu glauben, dass wir das empfangen werden, was wir von Gott im Gebet erbitten. Wenn wir aber nicht genug Glauben haben, müssen wir Gott zuerst bitten, all unseren Zweifel zu beseitigen, denn der Gerechte wird durch Glauben leben. Christen können bestätigen, dass sie gerecht vor Gott stehen, indem sie ihren Glauben demonstrieren.

Es gibt viele Beispiele in der Bibel, wo Gott große Taten durch den Glauben verschiedener Menschen vollbracht hat. Es war der Glaube, der Daniel half, am Leben zu bleiben, als man ihn in die Löwengrube geworfen hatte. Jesus war erstaunt über den Glauben, den er beim Römischen Hauptmann vorfand (Matthäus 8:5-13)

Als Jesus versprach, in sein Haus zu kommen und seinen Diener zu heilen, antwortete der Hauptmann, er sei nicht würdig, von einem solch ehrbaren Gast besucht zu werden. Er bat Jesus sofort, nur ein Wort zu sprechen und sein Diener würde gesund. Er glaubte stark daran, dass es möglich war, dass sein Diener durch Jesu gesprochene Worte geheilt würde. Das Verhalten des Hauptmanns bewies, dass er die Prinzipien des Glaubens kannte, und dass er mehr Glauben daran hatte, was Jesus tun konnte, als all die Juden, die Jesus umgaben.

Wenn wir glauben, dass etwas möglich ist, hilft uns unser Glaube, Zweifel zu überwinden, denn Zweifel schwächen unsere Beziehung zu Gott. Glaube, dass du empfangen wirst, und es wird dir gemäß deinem Glauben gegeben werden. Der Glaube ist unser Schild, und wir sollten diesen Schild gebrauchen, um uns vor Zweifeln zu schützen.

Lerne, deine Probleme Gott anzuvertrauen, denn Jesus kam auf die Erde, um dir zu helfen, die schwierigsten Situationen des Lebens durch Gottes Kraft zu lösen.

### Glaube gibt Kraft, um voranzugehen

Viele Menschen praktizieren heute das positive Denken. Sie versuchen, sich auf positive Dinge zu konzentrieren. Aber das positive Denken ist nicht effektiv, so lange wir nicht die Kraft haben, die wir durch den Glauben an Gott empfangen. Und außerdem wäre es sehr schwierig, in plötzlich auftretenden kritischen Situationen positives Denken zu praktizieren. Gott möchte, dass wir nicht einfach nur positives Denken praktizieren, sondern dass wir den Glauben Gottes haben, denn wir können Gott unmöglich ohne Glauben gefallen, und ein gerechter Mensch kann nicht lange ohne Glauben leben. Der Glaube gibt uns also die Kraft, voranzugehen, und mit Hilfe des Glaubens können wir unsere Berufung als Christen erfüllen.

Wir finden diese Worte im Buch Habakuk:

*Denn die Vision gilt erst für die festgesetzte Zeit, und sie strebt auf das Ende hin und lügt nicht. Wenn sie sich verzögert, warte darauf; denn kommen wird sie, sie wird nicht ausbleiben. Siehe, die verdiente Strafe für den, der nicht aufrichtig ist! Der Gerechte aber wird durch seinen Glauben leben.*

Habakuk 2:3,4)

Eine Vision motiviert uns zum richtigen Handeln.

Es ist wichtig, daran zu denken, dass wir immer dann, wenn wir eine Vision erfüllen, mit großen Schwierigkeiten konfrontiert sein werden. Aber der Glaube gibt uns die Motivation, nicht aufzugeben, sondern weiter auf unser Ziel zuzugehen.

Die Tatsache, dass sich die Vision nicht sofort erfüllt, ist für viele Menschen sehr verwirrend, und oft werden sie frustriert. Sie fangen an zu glauben, dass Gott sie aufgegeben hat und nicht mehr in ihrem Leben wirkt. Aber bei all dem vergessen sie, dass eine *„Vision für eine festgesetzte Zeit gilt"*. Das bedeutet, dass Gott geplant hat, dass sich die Vision zu einer festgesetzten Zeit in der Zukunft erfüllen wird: *„...wenn sie sich verzögert, warte darauf, denn kommen wird sie, sie wird nicht ausbleiben"*.

Wenn sich die Vision erfüllt hat, wirst du sehen, wie pünktlich Gott Visionen erfüllt.

Dieser Vers der Schrift spricht über die Wichtigkeit der Demut, denn nur der Demütige hat die notwendige Geduld, damit sich die Vision erfüllen kann. Demut ist die Manifestation der Gerechtigkeit, *„Der Gerechte aber wird durch seinen Glauben leben."*

Es ist wichtig zu verstehen, dass viele der Gebote Gottes nur mit Hilfe des Glaubens verstanden werden können. Der nächste Bibelabschnitt bezeugt das.

*Und als seine Jünger an das jenseitige Ufer gekommen waren, hatten sie vergessen, Brote mitzunehmen. Jesus aber sprach zu ihnen: Seht zu und hütet euch vor dem Sauerteig der Pharisäer und Sadduzäer! Sie aber überlegten bei sich selbst und sagten: Das sagt er, weil wir keine Brote mitgenommen haben. Als aber Jesus es erkannte, sprach er: Was überlegt ihr bei euch selbst, Kleingläubige, weil ihr keine Brote habt?*

Matthäus 16:5-8

Jesus nannte seine Jünger Kleingläubige, weil sie seine Worte nicht verstehen konnten. Sie dachten an gewöhnliche Dinge, er aber sprach von geistlichen und ewigen Dingen, damit sie sich vor dem Sauerteig der Pharisäer und Sadduzäer hüteten.

Wir müssen daran denken, dass sich unser Glaube nicht nur darin ausdrückt, dass wir regelmäßig in den Gottesdienst gehen, Psalmen singen und den Zehnten zahlen, sondern auch durch das, was wir außerhalb der Wände des Gemeindehauses tun. Unser Glaube drückt sich durch unsere Bereitschaft aus, Gottes Berufung für unser Leben zu erfüllen, so schwer sie auch erscheinen mag.

Ohne Glauben ist es unmöglich, vollmächtig zu predigen oder andere Menschen zu ermutigen und ihnen Hoffnung zu bringen. Gott kann durch unseren Glauben übernatürliche Dinge in unserem Leben tun. Wenn wir eindeutige Ergebnisse sehen möchten, dann müssen wir daran glauben und mit Gott darüber sprechen. Lass nicht zu, dass Jesus dich wegen mangelndem Glauben tadeln muss, so wie er es bei seinen Jüngern tun musste. Und vergiss nicht, dass alles, was ohne Glauben getan wird, keinen Erfolg bringen wird. Lasst uns also Menschen des Glaubens sein!

Jeder Krieger muss für seine Waffe sorgen. Der Besitz dieser Waffe bringt uns Gott näher und macht uns gefährlich für den Feind. Wir befinden uns jetzt im Krieg, und wir werden gewinnen. Gott ist mit uns, und mit ihm zusammen können wir die besten Ergebnisse erzielen!

Was in Epheser 6:13 geschrieben steht:

*„Deshalb ergreift die ganze Waffenrüstung Gottes, damit ihr an dem bösen Tag widerstehen und, wenn ihr alles ausgerichtet habt, stehen bleiben könnt!"*

ist auch wichtig. Gott möchte, dass wir in diesem Kampf stark bleiben, und deshalb sollten wir niemals aufgeben, nicht einmal für eine Minute. Wir sollten nicht zurück schauen und unsere siegreiche Stellung in Gott anzweifeln. Sei stark, zum Kampf gerüstet, überwinde und bleibe stark!

### Zum Nachdenken:

Wie führst du deinen Krieg gegen den Teufel? Begründe deine Antwort.

### Gebet

*Gott, mache mich zu einer Frau, die sich nach dem Höchsten ausstreckt.*

# Fazit

So wie jedes Geschöpf Gottes ist eine Frau ein multikomplexes Geschöpf. Alles, das Gott geschaffen hat, ist ein multifunktionales Geschöpf. So scheint die Sonne, die von Gott geschaffen wurde, nicht nur, sondern gibt auch Hitze ab. Dasselbe gilt für das Wasser. Wir trinken es, wir gebrauchen es, um Essen damit zuzubereiten, wir baden darin, es regnet auf uns hinab - die Liste setzt sich immer weiter fort. Dieselbe Vielfalt ist in einer Frau zu finden.

Eine Frau ist sehr vielseitig. Wir lesen diese Worte im Hohelied 6:10

*Wer ist sie, die da hervorglänzt wie die Morgenröte, schön wie der Mond, klar wie die Sonne, Furcht erregend wie Kriegsscharen?*

Diese Aussage beschreibt uns ganz genau, wie Gott eine Frau sieht. Sie glänzt wie die Morgenröte. Die Morgenröte ist ein Symbol für einen neuen Tag, ein neuer Tag kommt mit neuer Kraft, neuer Hoffnung und neuen Gelegenheiten. Die Morgenröte erhellt den Tag, und die Dunkelheit weicht.

Eine Frau sollte, so wie die Morgenröte eines neuen Tages, Licht und positive Energie mit sich tragen, wohin sie auch geht. Eine Frau ist keine zweitklassige Schöpfung, Gott hat keine zweitklassigen Menschen. Alles, was er geschaffen hat, ist wichtig und einzigartig. Es existiert, weil er es wollte. Eine Frau sollte die Nacht wie die Morgenröte hinter sich lassen, und sich nicht verstecken und einfach verschwinden. So wie die Morgenröte sollte sie hervortreten und sich weiterentwickeln, um ihre Lebensberufung erfüllen zu können.

Eine Frau ist auch dem Mond ähnlich. Sie ist schön und nett. So wie sich der Mond um die Erde dreht, so sollte auch eine Frau nicht an einem Ort stehenbleiben. Sie sollte kein begrenztes Leben führen. Gott möchte, dass sie oben steht und die ganze Welt beeinflusst.

Die Frau sollte fröhlich, schlicht, entzückend und lebensspendend wie die Sonne sein. Sie sollte ein heller Stern wie die Sonne sein, und Licht und Wärme spenden. Gottes Gunst liegt auf der Frau, sie ist liebenswürdig, sichtbar und anerkannt.

All diese Aussagen klingen nett, aber das ist nicht die ganze Beschreibung, die Gott für die Frau hat. Neben ihrer Schönheit, Bewunderung, Fröhlichkeit und vieler anderer Dinge ist sie auch eine erfolgreiche Kriegerin. Sie ist furchtbar, streng, stark und diszipliniert. Sie ist in einer guten Armee, einer Armee mit Flaggen. Sie ist nicht alleine, sie hat eine Familie, ihr Image, und sie hat ihre Auszeichnungen – Professionalität und Exzellenz.

Jede Frau kann maximalen Einfluss im Leben haben und zu Gottes Kriegerprinzessin werden.

Denke immer über das Bild der Kriegerprinzessin nach. Das Bild, das du auf dem Einband dieses Buches siehst, sollte für dich zur Realität werden. Ich glaube daran, und in diesem Sinne bete ich auch für dich!

*Gebet*

*Himmlischer Vater, ich treffe die Entscheidung, ein Leben zu leben, das dir gefällt, und Gottes Kriegerprinzessin hier auf Erden zu werden. Bitte hilf mir, denn dies ist dein ganzer, guter und vollkommener Wille für mich. Ich liebe dich und ich danke dir, dass du mir immer nahe bist. Amen.*

### Anhang

Wenn du Jesus Christus noch nicht als deinen Herrn und Erlöser angenommen hast, lade ich dich ein, dich gerade jetzt im Gebet für ihn zu öffnen.

Gott wird dir wahre Freude, Frieden und Glück geben. Nur Gott kann alle deine Fragen beantworten. Er ist der einzige, der deine Probleme lösen kann. Lebe mit Gott, vertraue ihm – das ist wahre Freude.

Gott liebt dich und er wartet auf dich. Er braucht dich.

### Das Gebet des Sünders

*Himmlischer Vater! Ich komme im Gebet zu dir und bekenne dir all meine Sünden. Ich glaube deinem Wort. Ich glaube, dass du jeden annimmst, der zu dir kommt. Herr, vergib mir all meine Sünden, sei mir gnädig.*

*Ich will nicht mehr länger so weiterleben. Ich möchte dir gehören, Jesus! Komme in mein Herz und reinige mich. Sei mein Helfer und mein Retter. Führe mich.*

*Ich bekenne dich, Jesus Christus, als meinen Herrn. Ich danke dir, dass du mein Gebet gehört hast und ich nehme meine Erlösung durch den Glauben an. Ich danke dir, mein Erlöser, dass du mich so wie ich bin angenommen hast.*

*Amen*


Wenn du dieses Gebet ernsthaft gebetet hast, hat Gott dich erhört und dir all deine Sünden vergeben. Gott ist jetzt dein Vater und Jesus ist dein Freund. Lies das Wort, lebe mit Gott und bete.

Der Heilige Geist ist die dritte Person der göttlichen Dreifaltigkeit. Er ist derjenige, den Gott gesandt hat, um bei seinen Kindern zu sein. Der Heilige Geist überführt uns, wenn wir etwas Falsches tun. Er leitet uns zurück auf den richtigen Weg. Sehr oft betrüben wir ihn. Wenn wir in schwierige Situationen geraten und nicht sicher sind, was falsch und was richtig ist, hilft er uns, solange wir mit ihm in Einklang sind, die Situation mit Gottes Augen zu sehen. Der Heilige Geist wird dich lehren, zwischen wahrer und falscher Lehre zu unterscheiden. Er wird dir auch helfen, eine Gemeinde zu finden, in der Jesus Christus verherrlicht wird.

### Das Gebet um die Taufe im Heiligen Geist

Nun bin ich wiedergeboren, ich bin Christ, ein Kind des allmächtigen Gottes. Ich bin gerettet! Herr, du hast in deinem Wort gesagt:

*Wenn nun ihr, die ihr böse seid, euren Kindern gute Gaben zu geben wisst, wie viel mehr wird der Vater, der vom Himmel gibt, den Heiligen Geist gebe denen, die ihn bitten!*

Lukas 11:13

Ich flehe dich an, Herr, erfülle mich mit dem Heiligen Geist. Heiliger Geist, erhebe dich in mir, wenn ich dich lobe. Ich glaube auch, dass ich in einer unbekannten Sprache sprechen werde.

Amen.

# Nachtrag

### *Hast du das Mädchen gesehen?*

*Hast du sie gesehen? Schön und zielgerichtet? Sie ist wie der Duft einer Blume, und wie die Spritzer der Welle. Sie geht voran und beeilt sich, dem Herrn zu begegnen. Er wartet auf sie. Ihr Geliebter ist immer bereit, sie in seine schützenden Arme zu nehmen, sodass sie nicht anders kann als ihm entgegenzulaufen. Sie kann es nicht abwarten, in seinen liebenden, friedlichen und sicheren Händen zur Ruhe zu kommen. Die Eitelkeit hört erst auf, wenn sie in seiner Nähe ist. Die Zeit steht behutsam still, die Uhr hat Angst zu ticken, und sie beugt sich unter die Liebe des Herrn zu seiner Geliebten.*

*Er ist nahe, was ist sonst noch nötig? Er ist nahe, wer sonst ist nötig? Er ist nahe, und gestern ist schon vergangen. Er ist nahe, und Felsen zerbrechen und verwandeln sich in warmen, von der Sonne erwärmten Sand. Die ganze Welt liegt ihr zu Füßen – er hat sie ihr präsentiert wie ein Ring an ihrem Finger.*

*Ihre Augen sind voller Verstehen, sie umarmt diese wunderbare Welt, und mit jeder Bewegung schaut sie ihn mit Bewunderung an. Sie ist ihm dankbar für das Geschenk, aber sie braucht die Schätze nicht. Er ist teurer. Sie wird von seinen hohen Bergen nicht hinweggetragen, er ist größer. Sie hört nicht dem Gesang der Vögel zu. Seine Stimme ist für sie anziehend. Alles verblasst in der Gegenwart des Einen, der alles geschaffen hat.*

*Hast du das Mädchen gesehen, so flexibel und hervorragend und gleichzeitig stark und zielgerichtet? Sie ist schön durch die Liebe des Herrn. Er gibt ihr Selbstvertrauen, sie empfängt die Kraft von ihm, um alles zu überwinden. Kein Moment ihres Lebens entgeht ihm. Und er ist nahe, sodass sie niemand antasten und ihr schaden darf.*

*Hast du sie gesehen? Sie ruht in seiner Gegenwart, die in ihrem Herzen verborgen ist. Und kein gefräßiger Vogel kann durch seinen durchdringenden Schrei diesen Frieden stören, keine Schlange kann mit unangenehmen Gedanken zu ihr kriechen, und die Dunkelheit kann sie nicht mit tiefer Finsternis umhüllen. Die Liebe, die sie umarmt und umgibt, bewahrt sie.*

*Hast du diese Prinzessin gesehen? Sie wandelt mit königlicher Größe über die Erde. Die Knospen der Blumen gehen auf wenn sie kommt, mit einem süßen Duft, und alle Farben des Sommers vermischen sich wenn sie vorbeigeht. Der Wind weht durch die Blätter der Bäume, und stimmt eine weiche universale Musik an, mit denen er das himmlische Fest der Liebe begleitet.*

*Die vom Licht und der Sonne durchdrungene Luft umweht einen jeden. Und einer sagt zum anderen: „Hast du das Mädchen gesehen, das Gott auserwählt hat?" Sie hat unter Tausenden und Abertausenden niemanden, der ihr gleich ist; seine Liebe ist ein Banner über ihrem Kopf.*

*Sie trägt sein Geheimnis in sich. Schau nach ihr, und du wirst die Quelle des Friedens und der Sicherheit mitten zwischen Eitelkeit und Chaos finden."*

*Hast du solch ein Mädchen gesehen? Es wäre es wert, alles zu geben, um sie zu finden.*

Antonina Gromova

## Weitere Bücher von Bose Adelaja

Das Glück der Frau / Das Glück des Mannes

Bücher von Sunday Adelaja

SEXUELL FREI LEBEN - WIE MAN DEN GEIST DES EHEBRUCHS UND DER UNZUCHT ENTHÜLLT UND ÜBERWINDET

EHE: HIMMLISCHE ATMOSPHÄRE IN DER FAMILIE

FAMILIE, ABER HALLO! PRINZIPIEN FÜR DAS FAMILIENLEBEN

GELD MACHT DICH NICHT REICH: PRINZIPIEN FÜR WAHREN REICHTUM, WOHLSTAND UND ERFOLG

DIE GANZE WELT WARTET AUF DICH

DIE BERUFUNG - BESTIMMUNG UND ZIELE ERREICHEN

WEISHEIT: ZUGANG ZUR GÖTTLICHEN WEISHEIT, DEM SCHLÜSSEL, UM AUF ERDEN ZU HERRSCHEN

SIEGREICH DEM TEUFEL ZUM TROTZ: GELUNGENES LEBEN ALS CHRIST ALLEN WIDRIGKEITEN ZUM TROTZ

DER WEG ZU WAHRER GRÖSSE

EINE NATIONALE TRANSFORMATION ANFÜHREN

DER JESUS, DEN DU NIE GEKANNT HAST

ERFOLG IM DIENST FÜR GOTT: WIE WIRD MAN EIN MENSCH, DEN GOTT GEBRAUCHEN KANN?

DU UND DEIN PASTOR: GOTTES GABEN RICHTIG VERSTEHEN - VORWORT EDUARD RIEDNER P.I.R. DRESDEN

PASTOR OHNE TRÄNEN - ES IST MÖGLICH: LASSEN SIE SICH TRAGEN - WIE AUF DEN SCHWINGEN EINES ADLERS

Im Buchhandel bestellbar und auch als eBook erhältlich.

ap&p
Bohrstr.2,
23966 Wismar
Mail: apundp@me.com